INDIVIDUELLES
WOHNEN

EMMA SCATTERGOOD

INDIVIDUELLES WOHNEN

Gestalten von Wänden und Oberflächen

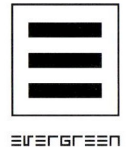

evergreen

EVERGREEN is an imprint of Benedikt Taschen Verlag GmbH

© für diese Ausgabe:

2001 TASCHEN GmbH

Hohenzollernring 53

D–50672 Köln

Design- und Text-Copyright © The Ivy Press Limited 2000

Konzept, Design und Herstellung

© The Ivy Press Limited

The Old Candlemakers, West Street

Lewes, East Sussex BN7 2NZ

Übersetzung aus dem Englischen: Verena Blum für akapit Verlagsservice

Redaktion und Satz der deutschen Ausgabe: akapit Verlagsservice Berlin – Saarbrücken

Umschlaggestaltung: Catinka Keul, Köln

Printed in China

ISBN 3–8228-1183-1

Inhalt

Einführung

In den letzten Jahren hat sich die Innenarchitektur stark verändert: Man kann jetzt seine eigenen Ideen und Vorstellungen spielend leicht umsetzen.

Zuvor schien Wohnraumdesign immer nur etwas für Wohlbetuchte zu sein und nicht für den normalen Haus- oder Wohnungsbesitzer, der sich lieber auf das Heimwerken beschränkte.

In den 80er Jahren kamen die ersten Zeitschriften für Wohnraumdesign und Inneneinrichtungen auf den Markt und wurden mit großen Interesse gelesen. Der große Durchbruch kam, als sich das Fernsehen einschaltete. Schnell wurden Sendungen zu Wohnraumdesign vom Vormittagsfernsehen auf die besten Sendezeiten verlegt. Viele bis dahin namenlose Designer machten sich damit einen Namen, viele neue Kollektionen von Farben und Tapeten kamen in den Fachhandel und in die Baumärkte.

Essbereiche können in strahlenden, harmonischen Farben ebenso gut wirken wie in blassen, neutralen Tönen.

Heute möchte jeder ein Heim haben, das großartig aussieht, ob es nun ein Einzimmerapartment ist oder ein großes Stadthaus. Sie brauchen dazu nur etwas Vertrauen in sich selbst, einige gute Tipps und dieses Buch.

Oft werden Durchführbarkeit, Qualität und Haltbarkeit in einer Fernsehsendung zum Wohnraumdesign zur Nebensache – was unangenehm sein kann, da Sie ja lange mit Ihrer neuen Dekoration leben möchten. Dieses Buch geht davon aus, dass Sie, wenn Sie in Ihr Haus investieren, Ihr Geld

Cremefarben ist elegant und schlicht. Durch das Gemälde erhält dieses Esszimmer einen weiteren Mittelpunkt.

Diese Nische wurde in einer ergänzenden Kontrastfarbe gestrichen. Der Stuhl, dessen Farbton dem der umgebenden Wände entspricht, wirkt ausgleichend.

Obwohl dieses moderne Bad in kalten blauen Farben gehalten wurde, wirkt das Endergebnis nicht steril.

auch so anlegen wollen, dass das Design nicht nur gut aussieht, sondern auch Stil hat. Im Buch finden Sie viele Ideen für die Neugestaltung Ihres Heims. Diese reichen von praktischen Tipps zur Haltbarkeit einer jeden Oberfläche, ob sie zu Ihrem Haus oder Ihrer Wohnung passt, bis zu Pflegetipps, damit Sie auf lange Zeit zufrieden sind. Jedes Kapitel hat einen schrittweisen Anwendungsteil, damit Sie sofort sehen, ob ein bestimmtes Material für Ihr Vorhaben geeignet ist.

Wir sind von Oberflächen umgeben, die man weiter bearbeiten kann – von Decken und Wänden, Arbeitsflächen, Holz und Böden.

Farbe

Farbeffekt

Putz

Tapete

Fliesen

Holz

Metall

Die Arbeit an diesen Oberflächen bestimmt den Stil und den Erfolg Ihres fertigen Raumes. Dieses Buch hilft Ihnen, den richtigen Look für jeden Raum auszuwählen. Sie brauchen keine weit reichenden Vorkenntnisse im Heimwerken. Hier finden Sie die Antworten auf grundsätzliche Fragen wie: „Was ist der Unterschied zwischen einer lösemittelhaltigen und einer wassergelösten Farbe?" oder „Welche Fliesen kann ich auf dem Fußboden verlegen?"

Das Buch ist zur leichteren Handhabung in acht Kapitel unterteilt. Die ersten sieben Kapitel nehmen Farbe, Anstriche, Putz, Tapete, Fliesen, Holz, Metall und Glas unter die Lupe. Das Schlusskapitel behandelt einzelne Räume im Haus und bietet Tipps und Anregungen für Ihr gewünschtes Design.

Jedes Kapitel enthält zwei Vorhaben mit schrittweisen Anleitungen, damit das Ergebnis fachgerecht aussieht. Da geht es um Farbeffekte und wie Sie verschiedene Muster auf den Putz auftragen, wie Sie einen Spiegel mit einem Mosaikrahmen bauen und einen Boden mit einer Dekorkante fliesen, wie Sie einem Holzboden mit einem Anstrich ein modernes Design geben, wie Sie mit einer Metallverkleidung eine einfache Schranktür verwandeln und wie Sie ein Glasfenster verzieren.

Um das Vertrauen in eigene Farbkombinationen zu erhöhen, finden Sie viele Tipps zur Farbtheorie mit einem Farbkreis und Erklärungen zu den Unterschieden zwischen den so genannten warmen und kalten Farben. Wir sagen Ihnen auch, welche Farben besonders gut zusammenpassen – und wo im Haus

sie am besten zur Geltung kommen. Einige Tipps
sind zusätzliche Hinweise für ein perfektes Endergebnis. Am Ende jedes Kapitels finden Sie darüber
hinaus Vorschläge, wie Sie jede Oberfläche in einem
Raum mit anderen Stoffen kombinieren können, um
genau das Design zu erreichen, das Ihren Wünschen
entspricht.

Das Planen und Dekorieren Ihres Hauses kann
eine schwierige Aufgabe sein. Dieses Buch möchte
Ihnen die Entscheidungen erleichtern und Sie vor
Fehlern bewahren. Viel Glück und viel Spaß!

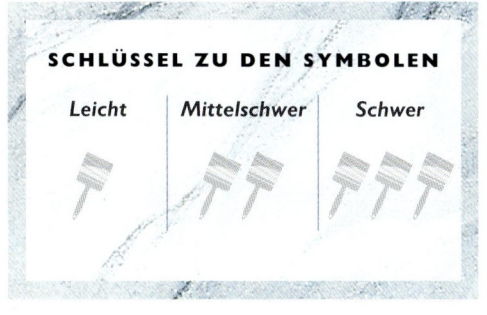

SCHLÜSSEL ZU DEN SYMBOLEN

Leicht	Mittelschwer	Schwer

Farben

EIN NEUER ANSTRICH ändert nicht nur einfach das Aussehen eines Raumes, sondern gleich die ganze Wohnatmosphäre. Sie können Ihrer Kreativität freien Lauf lassen und mit Farben und Streichmethoden experimentieren. Die Farbauswahl ist nahezu unendlich, und man kann mit raffinierten, aber einfach zu erlernenden Techniken eine erstaunliche Wirkung erzielen. Streichen Sie zum Beispiel eine Zimmerwand in einer anderen Farbe als die übrigen Wände. Sie werden schnell mutiger, und schon nach kurzer Zeit verwandeln Sie mit Farbe auch Möbel, Fliesen und selbst Fußböden in etwas ganz Besonderes.

Grundlagen

FARBENKUNDE

Baumärkte bieten verwirrend viele Farbtypen an. Als kleine Hilfestellung finden Sie im Folgenden Informationen zu Inhalt und Verwendungszweck der verschiedenen Farben. Jede Farbe besteht aus Pigmenten (Farbgebung), Bindemitteln (Oberflächenhaftung) und einer Wasser- oder Alkohollösung, je nachdem, ob es sich um eine wasserlösliche oder um eine lösungsmittelhaltige Farbe handelt. Farbe enthält auch Chemikalien zum schnelleren Trocknen oder zum sparsameren Einsatz.

Für den Innenanstrich ist der Unterschied zwischen wasserlöslicher Farben und lösungsmittelhaltiger Farbe, Ölfarbe genannt, entscheidend *(siehe auch S. 14–17)*. Ölfarbe hat einen hohen Harzanteil, ist trocken sehr widerstandsfähig und glänzt – ein perfekter Anstrich für Holz- und Metallflächen, die Schutz vor Stößen und Wasser brauchen. Wasserlösliche Farbe ist trocken matter, kostengünstiger als Ölfarbe und eher für Wände und Decken geeignet.

Die Farbe, die Sie für Ihre Wände und Decken wählen, bestimmt den Stil und die Stimmung des Raumes.

VORBEREITUNG

Einige Oberflächen werden vor dem Streichen grundiert oder versiegelt, um einen besseren Anstrich zu erhalten und eine größere Fläche abzudecken. Die Grundierung raut die Oberfläche etwas auf, damit die Farbe besser haften kann, und erleichtert den Anstrich von MDF-Platten, Holz und Rigips. Die Versiegelung ist eine undurchlässige Schicht auf der Oberfläche (z. B. auf Holz oder Gips), damit der neue Farbanstrich nicht einziehen kann. Lassen Sie sich im Heimwerkermarkt zu den für Sie am besten geeigneten Grundierungen und Versiegelungen beraten und befolgen Sie die Empfehlungen des Herstellers.

Farbroller

Pinsel

Heizkörperroller

TIPPS FÜR EINEN PERFEKTEN ANSTRICH

Kaufen Sie hochwertige Pinsel. Diese verlieren nicht so viele Haare und halten bei guter Pflege länger.

Große Flächen bearbeiten Sie mit einem Farbroller schneller. Eine Rolle mit mittellangem Flor eignet sich am besten für wasserlösliche Farben, kurzer Flor für Ölfarben. Heizkörperroller sind kleiner, damit Sie den Heizkörper nicht abmontieren müssen, um die Wand dahinter zu streichen.

Gutes Werkzeug hilft Ihnen bei einem professionellen Anstrich.

Streichen Sie möglichst bei Tageslicht. Bei künstlichem Licht ist es schwieriger zu erkennen, ob Sie die Wand gleichmäßig gestrichen haben.

Müssen Sie das Streichen bis zum nächsten Tag unterbrechen, schlagen Sie Roller und Pinsel in Klarsichtfolie ein und legen Sie sie in den Kühlschrank.

PFLEGE

Oberflächen, die mit matten wasserlöslichen Farben gestrichen wurden, müssen vorsichtig gereinigt werden, da sich die Farbe ablösen kann. Normalerweise können Sie kleinere Flächen rund um Türgriffe oder Lichtschalter mit Cremereiniger säubern. Die Spezialfarben für Bad und Küche sind etwas robuster, und Flächen, die mit lösungsmittelhaltigen Farben gestrichen wurden, können einfach mit einem feuchten Lappen und etwas Cremereiniger gesäubert werden.

Ölfarben

Durch eine breite Farbpalette und eine Vielzahl an Einsatzmöglichkeiten auf verschiedenen Untergründen sind lösungsmittelhaltige Farben sehr vielseitig. Wegen des hohen Harzgehaltes und der klaren, glänzenden Farbe werden sie vorwiegend für Holzteile (Scheuerleisten, Fensterrahmen und Türen) im Haus genutzt, können aber auch für Fliesen und Melamin verwendet werden. Die Zeit der einfachen weißen Scheuerleisten und Türen ist längst vorbei. Anstatt von den Zimmerwänden dominiert zu werden, setzen viele Holzteile heute eigene Akzente in der Gestaltung eines Raums. Die neuen Farben erlauben kräftige Kontraste zum Wandanstrich oder die Wahl einer feineren Nuance des vorherrschenden Farbtons.

Lösungsmittelhaltige Farben eignen sich hervorragend für Holzteile wie Fensterrahmen, Scheuerleisten und sogar Dielen.

Mit Satinlack oder Lack kann man Küchenschränken ein frisches neues Design verleihen.

Lackfarbe

Es gibt verschiedene Sorten lösungsmittelhaltiger Farben, die für bestimmte Anwendungen oder Oberflächen entwickelt wurden. Alle basieren jedoch auf Alkohol, sind also nicht wasserlöslich. Das bedeutet, dass Sie Ihre Pinsel grundsätzlich mit Terpentinersatz reinigen sollten.

■ FLÜSSIGER LACK Wird meistens für Holz und Metall verwendet; braucht eine Grundierung. Deckt etwa 17 m²/Liter ab.

■ SATINLACK Weniger glänzend und feiner als Lack eignet sich Satinlack gut für Holzteile und braucht keine Grundierung. Deckt etwa 17 m²/Liter ab.

■ GELLACK Ist ein klebriges Gel, das nicht verläuft (nützlich zum Türenstreichen). Braucht keine Grundierung; nur Rohholz sollte vor dem Auftragen grundiert werden. Deckt etwa 12–15 m²/Liter ab.

Einige Hersteller bieten dieselbe Farbe sowohl als wasserlösliche als auch als lösungsmittelhaltige Farbe an. Dadurch können Sie auf Wunsch die Holzteile in derselben Farbe wie die Wände streichen.

■ SELBSTGRUNDIERENDER LACK Deckt die meisten Oberflächen mit nur einem Anstrich, ist jedoch cremiger als Gellack. Deckt etwa 10 m²/Liter ab.

Lackfarbe

■ MATTE LÖSUNGSMITTELHALTIGE FARBE Auch Eierschalenfarbe genannt. Der Anstrich ist noch matter als mit Satinlack, jedoch weniger widerstandsfähig und schwerer sauber zu halten. Sie werden normalerweise zweimal streichen müssen, brauchen aber keine Grundierung. Deckt etwa 16 m²/Liter ab.

Wasserfarben

Durch weiße oder kalte blaue Töne, ein warmes Orange oder ein tiefes Schokoladenbraun können Sie mit wasserlöslichen Farben einen Raum innerhalb kürzester Zeit völlig verändern. Man kann mit Wasserfarben am einfachsten experimentieren. Die Farbhersteller bieten eine große Palette von unterschiedlichen Farben an, wollen Sie aber Ihre Schlafzimmerwände unbedingt in der Farbe Ihres Lieblingslippenstifts streichen, können Sie die Farben auch mischen. Nehmen Sie einfach die Farbe in einen großen Heimwerkermarkt mit, um sie im Computer suchen und gleich vor Ort zusammenmischen zu lassen. Kaufen Sie immer mehr Farbe als Sie eigentlich brauchen und lassen Sie alles auf einmal mischen, um Farbunterschiede zu vermeiden.

Die Wahl des Anstrichs hängt von Ihrem persönlichen Geschmack und der Raumnutzung ab. Ist die Oberflächenreinigung kein Thema für Sie, kann der Anstrich so matt oder so glänzend sein, wie es Ihnen gefällt. Matte Anstriche sehen in alten Häusern am besten aus. Viele Hersteller bieten ein spezielles Sortiment traditioneller matter Farben an, die in restaurierten historischen Gebäuden zu finden sind. Glänzendere Anstriche passen zu moderneren Räumen und sind praktischer beim Reinigen.

Rote Wände sind ideal für den Essbereich, denn Rot soll den Appetit anregen, und die warme, gemütliche Atmosphäre lädt Ihre Gäste zum Verweilen ein.

■ MATTE DISPERSIONSFARBE Braucht keine Grundierung und wird am liebsten für Wände und Decken verwendet. Matte Farbe verdeckt kleinere Fehler in Wänden und Decken am besten. Deckt etwa 14–15 m²/Liter.

■ SEIDENGLANZ-DISPERSIONSFARBE Eignet sich besonders für Wände, die hin und wieder gereinigt werden müssen (wie das Kinderzimmer), zeigt aber auch eher Fehler in der Wandoberfläche auf. Benötigt keine Grundierung und deckt etwa 13–14 m²/Liter.

■ FESTE FARBE Diese Farbe wird matt und seidenglänzend in flachen Schalen angeboten, aus denen man sie mit einem Roller leicht aufnehmen kann. Eignet sich gut für Zimmerdecken, da sie kaum tropft. Deckt etwa 12m²/Liter.

Achten Sie auf den Blick von einem Raum in den anderen, wenn Sie die Farben für jeden Raum auswählen. Suchen Sie nach Farben, die aufeinander abgestimmt sind und sich nicht beißen.

Emulsionsfarbe

Spezial-
farben

Langhaarpinsel

Die große Auswahl an Spezialfarben erleichtert das kreative Streichen. Mit diesen Farben kann man viele ehemalige Modetrends, die man heute eher als Wohnsünden bezeichnen würde, hervorragend verbergen – von Küchenschränken aus Melamin bis zu avocadofarbenen Fliesen im Bad – aber auch einen neuen individuellen Stil kreieren.

Glanzeffekte haben die Inneneinrichtungen erobert. Noch bis vor wenigen Jahren konnten sich gewiss nur wenige vorstellen, eine Wand mit Glitzerstaub zu verzieren, aber nun ist alles modern, was glänzt und an das Weltraumzeitalter erinnert, und die wasserlöslichen Spezialfarben in den Regalen passen sich diesem Trend an. Auf der anderen Seite tendiert man aber genauso stark zu neutralen, erdigen Farbtönen und Strukturen. Mit nur ein paar

Fußbodenfarben sind mit nur einem Anstrich besonders haltbar.

Pinselstrichen können auch Wildleder- oder Mar-
mormuster oder sogar ein Jeanslook geschaffen
werden. Die Möglichkeiten sind nahezu unendlich.

    Hier eine Auswahl der häufigsten Spezialfarben:

■ **ANTI-KONDENSATIONSFARBE** Nützlich für
Flächen, die Dampf und Feuchtigkeit ausgesetzt sind.

■ **FLIESENFARBE** auf zwei Schichten Fliesengrun-
dierung für alte Bad- und Küchenfliesen auftragen.

■ **MELAMINFARBE** Perfekt für die Verschönerung
alter Selbstbau-Elemente im Schlafzimmer und in
Einbauküchen. Verwenden Sie eine Grundierung.

■ **FUSSBODENFARBE** Ein widerstandsfähiger
Lackanstrich für Dielen, Beton, Stein oder
Ziegel (trocknet in ca. 16 Stunden).

■ **(LACK-)ÜBERZÜGE UND GLASUREN**
Mit Schablonen, Schwämmen oder Stoff-
rollen können Sie mit diesen Farben alle er-
denklichen Muster und Strukturen auf Wände
und Holz auftragen.

*Schablonen und Stempel
eignen sich hervorragend für
Kinderzimmer. Sie können
normale wasserlösliche Farbe
verwenden, es ist aber auch
ein großes Sortiment an
Spezialfarben für Schablonen
und Stempel in kleinen Dosen
erhältlich.*

Fußbodenfarbe

Warme Farben

warme Farben

Farben werden üblicherweise in kalte und warme Farben unterteilt. Sehen Sie sich hierzu auch den Farbkreis auf Seite 24 an: In einer Hälfte befinden sich die wärmeren Farben (rot/gelbe Seite), in der anderen die kälteren (blau/grüne Seite). Diese Unterteilung basiert auf der Wahrnehmung durch das Auge, aber auch auf der psychologischen Wirkung der einzelnen Farben. Farben beeinflussen nachweislich die Stimmung, und dies nutzt man schon seit Jahren bei der Raumgestaltung aus. Esszimmer wurden früher oft in einem warmen satten Tiefrot gestrichen, weil Rot bei Kerzenlicht fantastisch wirkt und sich die Gäste in der gemütlichen Atmosphäre wohl fühlen. Zusätzlich soll Rot den Appetit anregen.

Wenn Ihr Zimmer sich z. B. auf der Schattenseite des Hauses befindet und kein direktes Sonnenlicht bekommt, streichen Sie in sonnigen Orange-, Rot

Warme Terrakotta- und Pinktöne an den Wänden schaffen einen behaglichen, gemütlichen Raum, der bei Sonnenlicht, künstlichem Licht und Kerzenschein gleichermaßen gut aussieht.

Wählen Sie die Farben für die Wände passend zur Zimmereinrichtung.

Erdtöne wie Sand, Terrakotta und ein gedämpftes Grün passen gut zueinander und ergeben eine ausgewogene Mischung.

und Goldtönen, wodurch das Zimmer gleich viel behaglicher wirkt. Warme Farben können ein anheimelndes Wohnzimmer, ein gemütliches Schlafzimmer oder einen einladenden hellen Flur schaffen.

Mit warmen Farben wirkt ein nicht ganz perfektes Zimmer ebenmäßiger. Bei langen, schmalen Räumen können Sie z. B. die Wände an der schmalen Seite in einer wärmeren Farbe streichen als die an der langen Seite, wodurch die schmalen Enden scheinbar nach innen rücken. Streichen Sie zu hohe Decken in einem wärmeren Ton als die Wände, dann wirkt der Raum niedriger.

Kalte Farben

kalte Farben

Die kalten Farben Lavendel und Lila sind Blau-Mischungen und wirken frisch und modern, während Lila mit einem größerem Rotanteil als warme Farbe gilt.

Die zweite Hälfte des Farbkreises besteht aus blauen, grünen und violetten Tönen – den kalten Farben. Violett kann warm oder kalt sein kann, entsprechend dem Verhältnis von Rot zu Blau in der Mischung.

Im Allgemeinen werden zwar warme Farben bei der Inneneinrichtung bevorzugt, aber auch kalte Grün- und Blautöne tragen zu eleganten, erholsamen Innenräumen bei. Deren Assoziationen zu Meer, Himmel und Natur wirken beruhigend, was erklären könnte, warum es sie oft in Krankenhäusern gibt, und Grün auch gern für Büros und Arbeitszimmer verwendet wird.

Mint, Limone, Grün und Violett sind wieder in Mode. Diese Farben kommen in jedem Raum eines modernen Heims vom Bad über die Küche zum

Wohnzimmer zur Geltung. Kalte Farben passen zu den meisten Umgebungen – wenn das Licht im Raum „warm" genug ist, um ausgleichend zu wirken. Gibt es im Raum nicht genug Tageslicht, verwenden Sie besser warme Farben, wird das Zimmer aber tagsüber vom Sonnenlicht durchflutet, können Sie auch kalte Pastelltöne für einen einladenden Raum verwenden.

Nutzen Sie kalte Farben, um einen kleinen, schmalen Raum größer und höher erscheinen zu lassen. So wirkt z. B. eine niedrige Decke höher, wenn Sie sie in kälteren Tönen als die Zimmerwände streichen. Es gibt viele Möglichkeiten für diese optischen Tricks – beschränken Sie sich dabei nicht nur auf ein neutrales Weiß.

Grün ist eine sehr beruhigende Farbe und eignet sich deshalb gut für Bereiche mit viel „Durchgangsverkehr" wie Korridore und Flure.

Kalte mintgrüne und aquamarinblaue Töne wirken großzügig und luftig und eignen sich gut für moderne und alte Häuser gleichermaßen.

Farbzusammen-
stellungen

Bei der Arbeit mit Farben kann die Orientierung am Farbkreis eine nützliche Hilfe sein, um verschiedene Farben erfolgreich in einem Raum zu kombinieren. Der Farbkreis ist nicht nur einfach in warme und kalte Farben unterteilt, sondern zeigt auch die Zwischentöne und die verschiedenen Kombinationsmöglichkeiten auf.

Gegenüberliegende Farben werden Komplementär- oder Kontrastfarben genannt. Farben auf derselben Seite des Kreises sind Harmoniefarben.

KONTRASTE

Farben, die sich im Farbkreis gegenüberliegen, heißen Kontrast- oder Komplementärfarben. Die Kombination von zwei Kontrastfarben wie Blau und Orange wirkt immer lebendig und kräftig. Achten Sie darauf, nicht beide Farben zu gleichen Teilen einzusetzen, sondern eine Farbe dominieren zu lassen.

HARMONIE

Farben, die im Farbkreis auf der gleichen Seite stehen, harmonieren miteinander. Blau- und Grüntöne oder Gelb und Orange sind beliebte Kombinationen. Durch harmonische kalte Farben scheint ein kleiner Raum geräumiger, während ein großer Raum beruhigend wirkt, wenn er in harmonischen warmen Farben wie Gold und Rot gestaltet wird.

EINE EINZIGE FARBE

Warum verwenden Sie nicht eine einzelne Farbe, wenn Sie beim Mischen und Kombinieren unsicher sind? Das soll nicht heißen, dass Sie eine Farbe für alles verwenden, sondern verschiedene Töne dieser Farbe für Wände, Fußboden und Möbel.

In diesem harmonischen Badezimmer wurden verschiedene Töne einer Farbe verwendet.

Hier gleichen die Rollos und die bunten Blumen die neutralen Wände aus.

BETONENDE FARBEN

Eine dritte, betonende Farbe, die nur sparsam eingesetzt wird, ist das i-Tüpfelchen der Farbgestaltung. Sie können eine harmonische oder eine Kontrastfarbe wählen. Probieren Sie zuerst aus, wie ein dritter Farbtupfer den Charakter eines Raumes beeinflussen wird. Farbmuster helfen Ihnen dabei.

Kombinieren

Farben sind vielseitig und geben einen perfekten Hintergrund für Ihre Einrichtung ab. Wählen Sie die richtigen Farben und Sorten, damit sie zu den Oberflächen sowie auch zum Stil oder zu der Atmosphäre des Raumes passen.

Farbe eignet sich gut für Stein, Tapete und Holz – wählen Sie einfach einen Ton, der zu den jeweiligen Oberflächen passt.

Tapete und gestrichenes Holz sind hier wunderschön zu einem Abschluss kombiniert, der einfacher zu pflegen ist als die luxuriöse Tapete darüber.

FARBE UND TAPETE

An Wänden kann man gut Farbe und Tapete kombinieren, da Sie so Muster und vielleicht sogar eine weitere Farbe einfügen können, ohne das Zimmer von oben bis unten zu tapezieren. Traditionellerweise tapeziert man bis zur Paneelleiste und streicht dann die Fläche darunter. Das macht die Wand nicht nur interessanter, sondern ist auch praktischer, da Sie den Anstrich bei Abnutzung ausbessern können und so die teure Tapete schonen.

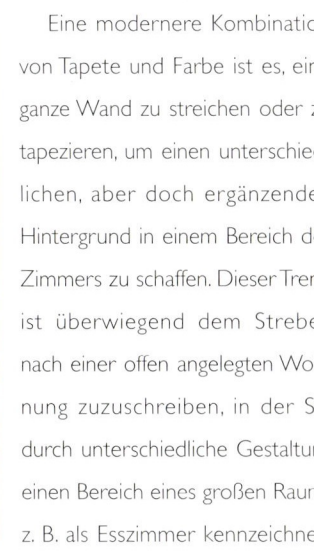

Eine modernere Kombination von Tapete und Farbe ist es, eine ganze Wand zu streichen oder zu tapezieren, um einen unterschiedlichen, aber doch ergänzenden Hintergrund in einem Bereich des Zimmers zu schaffen. Dieser Trend ist überwiegend dem Streben nach einer offen angelegten Wohnung zuzuschreiben, in der Sie durch unterschiedliche Gestaltung einen Bereich eines großen Raums z. B. als Esszimmer kennzeichnen.

FARBE UND NATURMATERIALIEN

Holz, Schiefer und Stein passen in jede Umgebung und können mit fast jeder Farbe kombiniert werden, obwohl Sie bei der Farbwahl den natürlichen Farbton des Materials berücksichtigen müssen. Kie-

Hier wurde der eher orangefarbene Ton des Kiefernholzes durch das Streichen der Treppe gedämpft, deren Blau nun zum anderen Holz im Raum passt.

fertöne passen gut zu Goldfarben, können aber etwas Kontrast vertragen, damit das Ganze nicht zu gelb wirkt. Dunkle Hölzer wie Mahagoni passen gut zu satten roten und gelben Farben. Achten Sie aber darauf, dass das Ensemble am Ende nicht zu dunkel wird. Matte Anstriche wirken im Allgemeinen auf Holz und Stein besser als Glanzlacke.

FARBE UND GLAS UND METALL

Ein von Glas oder Metall beherrschter Raum wirkt sehr modern, z.B. ein ausgebauter Dachboden mit viel Glas und offenen Metallflächen, aber auch eine

Die klaren, modernen Linien des Glasanbaus wirken durch das in einem traditionellen Grünton gestrichene Holz weicher.

moderne Küche mit Geräten aus rostfreiem Stahl und Glasregalen. Mit Farbe kann man diese an sich eher kühlen Räume zusätzlich gestalten. Probieren Sie verschiedene Weißtöne für eine frische, aber dennoch gewollt minimalistische Wirkung oder einen satteren Farbton, wenn das Zimmer aufregender wirken soll.

Pinsel

EINE GESTREIFTE WAND

Verwandeln Sie eine Wand mit verschiedenen Tönen einer Grundfarbe in ein Kunstwerk. Das wirkt lebendig und betont die Höhe des Raums. Hier haben wir verschiedene Pinktöne von einem strahlenden kräftigen Pink bis zu einem weichen, nur noch zart pinken Weiß verwendet. Alle Töne basieren auf einer Farbe, variieren aber in Tiefe und Intensität.

SIE BRAUCHEN:

- *Maßband*
- *Bleistift*
- *Lotschnur*
- *Kreide*
- *Klebestreifen*
- *Mittlerer Pinsel*
- *Kleiner Pinsel für die Ecken*
- *8 kleine Dosen Dispersionsfarbe*
in eng verwandten Farbtönen

ANWENDUNG

■ Beginnen Sie mit einer sauberen, trockenen Oberfläche. Ist sie hell und matt, brauchen Sie keine Grundierung. Messen Sie den zu streichenden Bereich der Wand aus und teilen Sie ihn in acht gleiche Flächen. Dadurch wissen Sie, welcher Farbton in welcher Menge eingesetzt wird. Wahrscheinlich werden Sie als kleinste Menge Halbliter-Dosen Farbe kaufen müssen, von denen sicherlich etwas übrig bleiben wird. Viele Farben kann man aber auch in Musterdosen erwerben. Grob geschätzt decken die meisten Farben 6–7 m² Wand pro halbem Liter ab. Selbst bei großen Wänden brauchen Sie kaum die ganze Dose.

■ Messen Sie die ganze Breite der Wand und teilen sie in acht Teile. So erhalten Sie die Breite jedes Streifens. Setzen Sie mit dem Bleistift oben und unten am Rand des ersten Streifens eine Markierung. Fahren Sie mit Ihrer Kreide am Lot entlang und halten Sie sie dabei dicht an die Wand, um eine dünne Linie zu erhalten. Decken Sie die Kreidelinie mit Klebestreifen ab. Fahren Sie fort, bis jeder Streifen abgedeckt ist.

■ Wählen Sie die Farbfolge und streichen Sie den ersten Streifen (und den Rand des Klebestreifens) mit dem mittleren Pinsel. Lassen Sie die Farbe trocknen, ziehen dann den ersten Klebestreifen ab und fahren mit dem zweiten Streifen fort. Wenn alle acht Streifen fertig, bessern Sie mit dem kleinen Pinsel alle verschmierten oder unebenen Ränder aus.

Eierschalenfarbe Stahlwolle Eierschalenfarbe

ANTIK-ANSTRICHE
FÜR MÖBELSTÜCKE

Auch Möbelstücke lassen sich mit Farben nach Ihren Wünschen umgestalten. Der so genannte Antik-Look ist eine Moderichtung, die uns sicherlich noch eine Weile erhalten bleibt. Damit können Sie neue, eigentlich nicht besonders teure Möbelstücke zumindestens optisch in wertvolle Antiquitäten verwandeln.

SIE BRAUCHEN

- Kleiner Schrank aus Holz
- Feinkörniges Sandpapier
- Grundierfarbe
- Grundierung
- Zwei kontrastierende Eierschalenfarben
- Mittlerer Pinsel
- Kleiner Pinsel
- Feine Stahlwolle
- Matter oder seidenglänzender Lack

ANWENDUNG

■ Ist das Holz Ihres Möbelstücks glatt, schmirgeln Sie es leicht mit Sandpapier ab, streichen es einmal mit Grundierfarbe und lassen es trocknen. Fügen Sie eine dünne Schicht Grundierung hinzu. Lassen Sie es über Nacht oder völlig trocknen.

■ Tragen Sie eine Schicht der ersten Eierschalenfarbe auf. Das ist die Farbe, die an den „abgenutzten" Stellen durchschimmern wird. Hier nehmen wir Grün.

■ Ist die Grundschicht trocken, streichen

Sie eine Schicht mit der zweiten Eierschalenfarbe – hier ein strahlendes Gelb.

■ Lassen Sie die Farbe richtig trocknen und reiben dann mit der Stahlwolle die obere Farbschicht an den Stellen ab, die normalerweise am meisten abgenutzt werden – um den Griff, an den Kanten und in den Ecken der vorderen Platten. Arbeiten Sie sehr sanft – Sie wollen eine natürliche Wirkung erreichen und nicht große Flächen mit Kontrastfarben.

■ Wenn Sie mit der Wirkung zufrieden sind, stauben Sie alles mit einem sauberen trockenen Lappen ab und beenden die Arbeit mit einer Schicht Lack zum Schutz.

ANSTRICH	ANWENDUNG
FLÜSSIGER LACK Lösemittelhaltige Farbe	Wird meist für Holz und Metall verwendet, um einen glänzenden, harten Anstrich zu erhalten, der Wasser und milde Reinigungsmittel aushält. Lack braucht eine Grundierung.
SATINFARBE Lösemittelhaltige Farbe	Satinfarbe ist ein weniger glänzender, feinerer Anstrich als Lack und eignet sich für Holzstücke wie Kaminsimse, Scheuerleisten und Fensterbänke. Er braucht keine Grundierung.
EIERSCHALEN-FARBE Matte, lösemittelhaltige Farbe	Eignet sich für Gegenstände, auf denen ein glänzender Lackanstrich zu künstlich aussehen würde. Eierschalenfarbe glänzt weniger als Satinfarbe, ist aber nicht so robust und schwerer sauber zu halten. Normalerweise müssen Sie zwei Schichten auftragen, Sie brauchen aber keine Grundierung.
MATTE DISPERSIONSFARBE Wasserlösliche Farbe	Ist die beliebteste Farbe für Wände und Decken. Durch den matten Anstrich können kleinere Fehler in den Wänden verdeckt werden. Die Auswahl der erhältlichen Farben ist nahezu unendlich. Sie können bereits fertig gemischte Farben kaufen (meist Standard- und Modefarben). Einige Hersteller bieten auch Farbmischmaschinen in Heimwerkermärkten für eine individuelle Mischung von Farben und Tönen an.
SEIDENGLANZ-DISPERSIONS-FARBE Wasserlösliche Farbe	Seidenglanzdispersionsfarbe eignet sich gut für Wände, die regelmäßig gereinigt werden müssen, wie in Küchen, Bädern, Fluren und Kinderzimmern. Sie reflektiert das Licht besser als eine matt gestrichene Oberfläche, was aber auch bedeutet, dass Fehler in der Wand noch deutlicher zu sehen sind.

ANSTRICH	ANWENDUNG
FLIESENFARBE Für Küchen- und Badfliesen	Verwendung über zwei Schichten Fliesengrundierung, um alte Bad- und Küchenfliesen neu zu streichen. Eine gute, preiswerte Möglichkeit, einen Raum zu renovieren, aber die Farbe hält nicht sehr lange in Bereichen, wo die Fliesen großer Abnutzung ausgesetzt sind, z. B. in Duschkabinen. Ein Reliefmuster sieht man noch durch die neue Farbe.
FUSSBODEN-FARBE Lösemittelhaltige schwere Pflichtfarbe	Eignet sich für Dielen, Beton, Stein und Ziegel und ergibt einen strapazierfähigen Lackanstrich, der toll in modernen oder eher informellen Räumen aussieht. Die Farbauswahl ist recht klein, klassisches Weiß und Schwarz sind die klaren Favoriten. Fußbodenfarbe benötigt 16 Stunden Trocknungszeit.
GRUNDIERUNG Eine vorbereitende Farbschicht	Grundierung wird auf Oberflächen wie Holz, Metall oder Putz aufgetragen, um deren Saugfähigkeit zu verringern. So benötigen Sie beim abschließenden Streichen weniger von der eigentlichen Farbe, wodurch Sie Zeit und Geld sparen. Sie können Ihre eigene Grundierung herstellen, indem Sie die Farbe mit Wasser oder Lösemittel stark verdünnen (je nachdem, ob sie wassergelöst oder lösemittelhaltig ist). Oft ist es aber billiger, eine fertige Grundierung zu kaufen.

Die Qual der Wahl

Die Palette der im Handel erhältlichen Farben wird ständig größer, und die angebotenen Farben werden immer raffinierter. Vom Wildlederlook bis zu verschiedenen Glitzereffekten ist alles möglich. Lassen Sie sich dazu inspirieren, einmal etwas Neues an den Wänden auszuprobieren und Ihr Heim zu verschönern, auch wenn es ein wenig Zeit und Geld kostet.

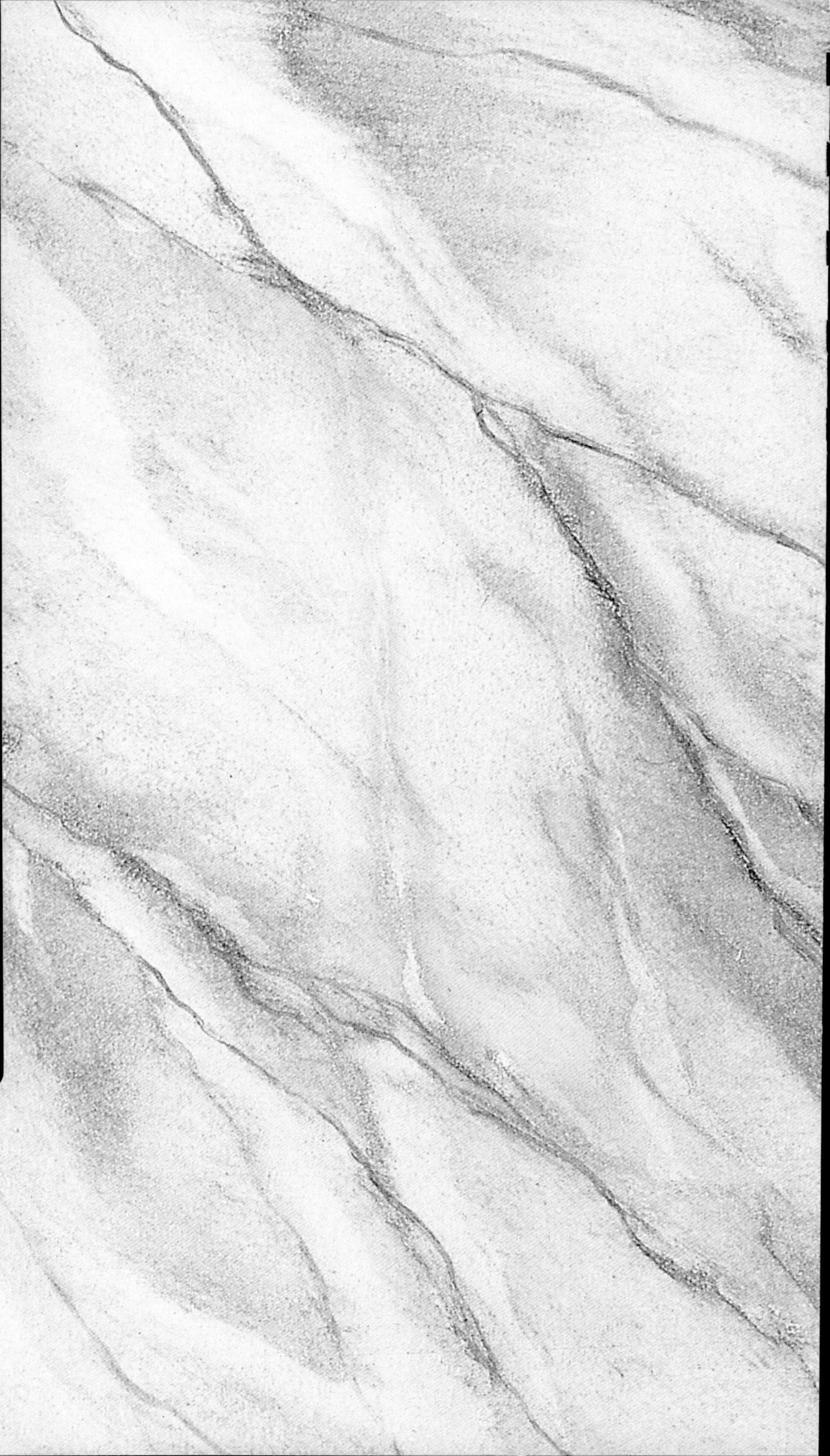

Farbanstriche

Farb-
effekte

FARBEFFEKTE können die ideale Lösung für Oberflächen sein, besonders für unebene und ungewöhnlich geschnittene Flächen. Mit verschiedenen Farbeffekten erzielen Sie neue Strukturen und eine interessantere Wirkung. Zudem schonen Sie Ihren Geldbeutel und erhalten dennoch raffinierte Muster. Viele Farbeffekte passen sowohl zu einem modern gestalteten Heim als auch zu einem eher traditionell eingerichteten Haus.

Grundlagen

Schwamm

Lappen

Stahlwolle

Das Gemälde war die Inspiration für die sandfarben getünchten Wände.

Beim Einsatz von Farbeffekten sollte man nicht übertreiben. Wenn Sie einmal die Technik beherrschen, sollten Sie nicht gleich das ganze Haus mit Farbeffekten überziehen, denn diese haben eine weitaus höhere Wirkung, wenn Sie damit nur ein einzelnes Detail im Raum betonen oder kaschieren. Eine unebene Wand kann durch Farbtünche verschönert und ein Möbelstück aus Kunststoff kann mit Marmoreffekten versehen werden. Zusätzliche Schablonen-, Stempel- oder Schwammarbeiten würden den Raum jedoch überladen.

Wenden Sie Spezialeffekte nur auf Flächen an, die rein theoretisch auch aus dem vorgetäuschten Material bestehen könnten. So würde z. B. eine Marmorierung auf einer Holztür unglaubwürdig aussehen, während sie auf Fußböden, an Wänden oder am Kamin viel realistischer wirkt. Bereits im 19. Jahrhundert kopierte man alles, was man sich nicht leisten konnte. Warum sollten wir es nicht genauso machen? Ideen finden sich oftmals in Büchern über alte Bauwerke, oder lassen Sie sich vom eher zwanglosen mediterranen Baustil inspirieren.

VORBEREITUNG

Jede Fläche, die mit einer Spezialfarbe bedeckt werden soll, muss vorbereitet werden. Einige Anstriche, wie die Marmorierung, brauchen eine weichere

Dachsvertreiber

Holzeffektmaserierer

Oberfläche als z. B. Farbtünche, die auf grobem Putz verwendet werden kann und den Betrachter von den Unregelmäßigkeiten der Wand ablenken soll.

Wenn Sie eine lösemittelhaltige Lasur nehmen (*siehe S. 38*), brauchen Sie an den Wänden keine Grundierung auf Öl-basis – Seidenglanzdispersionsfarbe ist ideal. Holz hingegen benötigt eine lö-semittelhaltige Grundierung wie Eier-schalenfarbe.

Beginnen Sie mit rein weißer oder cremefarbener Grundierung und streichen die farbige Lasur darüber. Später können Sie auch mit bunten Grundierungen experimentieren, die heller oder dunkler als die Lasur sind.

PFLEGE

Farbeffekte mit Acryllack sind ziemlich widerstandsfähig, und Sie können Flecken mit einem feuch-ten Lappen und Reinigungscreme abwischen. Wird die Oberfläche aber nicht mit Lack versiegelt, müssen Sie vorsichtiger sein. Der Vorteil von Tüncheffekten ist hier-bei, dass das Muster sowieso gewollt verblasst und unregelmä-ßig ist, so dass ein kleiner, tatsäch-lich abgenutzter Bereich kaum einen Unterschied macht.

Werkzeuge

Viele Farbeffekte erreichen Sie mit einfachen Werkzeugen – Pinsel, Roller und sogar Kartoffeln. Andere benötigen Spezialpinsel. Verwenden Sie zum Tünchen einen 15 cm breiten weichen Pinsel z. B. mit Dachsborsten, zum Wischen einen 15 cm breiten Pinsel und zum Holzmaserieren einen langhaarigen Pinsel (Schläger aus Pferdehaar).

Versuchen Sie ruhig, zwei oder mehr Farben zu mischen, um den gewünschten Farbton zu erhalten.

MISCHEN EINER FARBIGEN LASUR

Für die meisten Farbeffekte verwenden wir in unseren Beispielen Lack. Aus Acryllack, Wasser und normaler Ölfarbe können Sie einen einfachen farbigen Lack mischen. Mischen Sie Acryllack und Wasser im Verhältnis 3:1, und fügen Sie nach und nach die Farbe hinzu. Sie werden für den gewünschten Farbton wahrscheinlich mindestens zwei Farbtöne mischen müssen. Rühren Sie gut um. Wenn die Farbe zu dunkel ist, geben Sie Acryllack und Wasser dazu, um sie aufzuhellen.

Mit kreativen Farbeffekten können Sie eine fantastische Wirkung erzielen, wie etwa bei diesem goldenen Flur, der sehr luxuriös wirkt.

FIRNIS

Sie sollten Ihren Anstrich mit zwei Schichten Firnis versiegeln. Drei Sorten von Firnis sind erhältlich: matt, seidenglänzend und glänzend. Alle sind als Versiegelung geeignet, abhängig davon,

wie glänzend die Fläche werden soll. Lassen Sie die erste Schicht trocknen, reiben Sie sie dann mit in Wasser getränktem Schmirgelpapier ab. Wenn Sie dabei etwas Farbe entfernen, bessern Sie einfach nach, bevor Sie die zweite Schicht Firnis auftragen.

FERTIGE FARBANSTRICHE

Eigentlich brauchen Sie die Spezialfarben gar nicht selber zu ˙mischen, da es mittlerweile verdünnte, semitransparente, wassergelöste Farben gibt, die Sie direkt aus der Dose für Schwammarbeiten, zum Tünchen und zum Abrollen verwenden können, sowie Farben für Holzmaserierungen oder für Metallic-Effekte an Wänden, auf Holz oder Metall sowie Sprühfarben für Steineffekte und andere Airbrush-Arbeiten.

Eine getünchte Wand eignet sich hervorragend für gemütliche Räume, in denen sich Ihre Familie gern aufhält.

Lackmalmittel

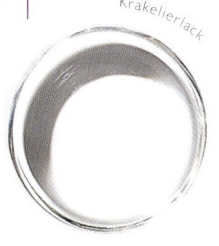

Krakelierlack

Traditionelle Farbeffekte

Alle Farbeffekte der Seiten 40–43 eignen sich für ältere Gebäude und eher herkömmlich gestaltete Räume. Der Schlüssel zum Erfolg liegt im richtigen Farbton für die Grundfarben, Lacke oder Schablonen – meiden Sie allzu leuchtende Farben. Sie wollen ja schließlich den Eindruck vermitteln, dass die Farbe mit der Zeit verblasst und stumpf geworden ist. Deswegen müssen Sie sich aber nicht auf die für das 19. Jahrhundert typische Palette tiefer Rot- und Grüntöne beschränken, sondern können auch helle und heitere Farben verwenden. Suchen Sie nach zarten Farben, die eine matte Wanddekoration ergeben.

Treiber

Künstlerpinsel

TÜNCHEN

Getünchte Wände sind stets beeindruckend und wirken dennoch zwanglos. Auf einer verputzten Wand wirken weiche Pink- und Terrakottatöne ländlich und mediterran – sie sind ideal für den Landhausstil. Auf einer weichen Oberfläche verleiht Tünche zusätzliche Struktur und eine Farbtiefe, die Sie mit einem normalen Farbanstrich alleine nicht erreichen. Wählen Sie Goldgelb für einladende Tagesräume oder ein warmes Rot, Pink oder Zimtfarbe für ein anheimelndes, gemütliches Esszimmer. Mehr dazu auf Seite 52.

Die gewählte Farbe bestimmt die Stimmung im Raum. Frische, helle Farben bewirken hier einen modernen Look.

WISCHTECHNIK

Die Wischtechnik eignet sich hervorragend für ältere Gebäude, da sie einen weichen Anstrich ergibt, den Sie mit einfacher Farbe nicht erreichen können. Sie können diese Technik aber nicht auf unebenen Wänden anwenden, da die Pinselstriche verzerrt werden. Die Wischtechnik ist besonders für die Flächen unterhalb der Paneele sowie für Türen geeignet und kann zusätzlich versiegelt werden.

Streichen Sie die Wand mit Seidenglanzdispersionsfarbe. Tragen Sie dann sanft von oben nach unten mit einem 15 cm breiten Treiber Lack *(siehe S. 38)* auf. Wischen Sie mit einem trockenen 15 cm breiten Treiber mit gleichmäßigen Bewegungen von oben nach unten etwas Lack ab. Streichen Sie jeweils einen Wandstreifen an und wischen ihn ab.

Mit der Wischtechnik, die an Holzmaserung erinnert, können Sie einfache Möbelstücke interessanter gestalten.

Gedämpfte, blasse Farben eignen sich am besten für ein eher traditionelles Design. Die Farben wirken, als ob sie auf natürliche Weise mit der Zeit verblasst wären.

MARMORIEREN

Das Marmorieren ist eine der ältesten Dekorationstechniken und eine optische Täuschung, da es scheint, als wäre die Oberfläche aus einem anderen Material – aus echtem Marmor. Für eine gute Arbeit sollten Sie sich Eigenschaften und Farbe von Marmor oder Fotos davon angesehen haben. Sie müssen sich trotzdem nicht peinlich genau daran halten – bei der Farbwahl ist etwas künstlerische Freiheit erlaubt, aber wählen Sie für Grundfarbe, Lack und Äderung ähnliche Farbtöne und -tiefen, damit es harmonisch wirkt. Nehmen Sie für den Grundanstrich weiße lösemittelhaltige Farbe. Mischen Sie einen farbigen Lack *(siehe S. 38)* und tragen Sie damit die Äderung auf. Verwischen Sie die Konturen mit einem Schwamm und einem trockenen Pinsel. Geben Sie mehr Farbe in den Lack, damit er dunkler wird, und wiederholen Sie den Schritt. Wischen Sie abschließend mit einem trockenen Pinsel darüber.

Bei Täuschanstrichen ist es wichtig, sie nur dort einzusetzen, wo das Material tatsächlich vorkommen könnte. Wollen Sie eine ganze Wand marmorieren, teilen Sie sie besser in Quadrate ein und zeichnen die Kanten hinterher mit einem Künstlerpinsel mit Lack in einem dunkleren Farbton nach.

Farbeffekte vereinheitlichen die Oberflächen in einem Raum und machen aus einfachem Holz etwas ganz Besonderes.

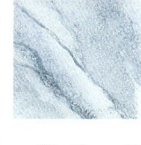

Marmorierschwamm

42

ABNUTZUNG

Manchmal wirkt ein neuer, makelloser Anstrich einfach fehl am Platz. Wenn Sie ein Heim in einem antiken Look gestalten wollen, müssen auch Möbel und Holz diese Atmosphäre ausstrahlen. Hier kommt die gewollte Abnutzung ins Spiel, bei der so gestrichen wird, als hätte z. B. das Holz im Hause im Laufe der Jahre schon einiges erlebt.

Nehmen Sie Eierschalenfarbe als Grundfarbe und streichen Sie dann mit einem farbigen Lack darüber *(siehe S. 38)*. Bevor er trocken ist, entfernen Sie mit Stahlwolle an einigen „abgenutzten" Stellen etwas Lack und schließen mit mattem Acryllack ab. Ähnliches erreichen Sie mit einer Grund- und einer Deckschicht aus verschiedenen Dispersionsfarben, bei der die getrocknete obere Schicht mit Stahlwolle oder gar mit alten Schlüsseln abgewetzt wird.

Stahlwolle

An „abgenutzten" Stellen durchschimmernde alte Farbe wirkt gemütlich und rustikal. Die Holzoberfläche erweckt den Eindruck, als sei sie seit Generationen immer wieder neu gestrichen worden.

Moderne Farb-effekte

Moderne Farbeffekte sind frisch und fröhlich, ein bisschen frech, aber nicht zu verspielt. Vorzugsweise werden neutrale Farben von Weiß bis Taupe eingesetzt.

GESTRICHENE PANEELE

Eine Wand über und unter der Paneellinie in zwei verschiedenen Farben zu streichen, macht einen Raum interessanter. Wenn Sie keine Paneele oder Bilderborte haben, malen Sie sich einfach eine – entweder eine ganz einfache Linie oder eine gemalte Bordüre. Sobald die Wand gestrichen ist, markieren Sie die Linie(n) mit Hilfe von Lineal und Lotschnur mit Bleistift. Die Paneellinie liegt normalerweise etwa 90 cm über der Scheuerleiste, setzen Sie also die obere Linie in dieser Höhe an und die untere etwa 5 cm darunter. Kleben Sie den äußeren Rand jeder Linie mit Kreppband ab und streichen dann sorgfältig zwischen beiden Linien.

Eine sorgfältige Vorbereitung, die richtigen Werkzeuge und Hilfsmittel wie Kreppband für gerade Linien helfen Ihnen, die Arbeiten wie ein Profi auszuführen.

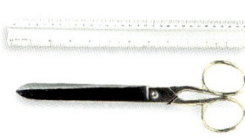

Sie können eine Paneelleiste oder Bilderborte mit einer einfachen Technik an die Wand malen.

Ziehen Sie das Kreppband vorsichtig ab, solange die Farbe noch feucht ist, und kleben neues Kreppband auf, bevor Sie die zweite Schicht Farbe auftragen.

HANDGEMALTE STREIFEN

Streifen in Ihren Wunschfarben können Sie auch über verschiedene Wandelemente hinweg aufmalen. Dieser Effekt verlangt jedoch Genauigkeit und eine sorgfältige Vorbereitung. Streichen Sie den Raum zuerst mit einer Grundschicht Dispersionsfarbe in der helleren der ausgesuchten Farben. Überlegen Sie, welche Art Streifen Sie anbringen wollen – gerade vertikale oder wellige horizontale.

Haben Sie sich entschieden, zeichnen Sie mit dem Bleistift Hilfslinien an die Wände. Malen Sie vertikale Streifen, können Sie die Hilfslinien mit der Lotschnur gerade zeichnen. Das Abkleben der äußeren Ränder der geplanten Streifen erleichtert Ihnen später das Ausmalen. Malen Sie horizontale Streifen, markieren Sie als Hilfe einfach mit dem Bleistift Punkte entlang der Wand.

Handgemalte Streifen verbreiten eine lockere Atmosphäre. Bei den Mustern können Sie Ihre Fantasie spielen lassen.

Lotschnur

Quadrate als Wanddekoration fallen sofort ins Auge.

Quadratische Stempel

GEMALTES BILD MIT QUADRATEN

Eine helle Wand ist die perfekte Grundlage für zusätzliche Dekoration, besonders an zentralen Stellen im Raum wie über Kaminen und Sofas. Malen Sie ein großes Quadrat oder auch vier kleinere an die Wand. Messen Sie alles vorher genau mit einem Lineal aus und kleben Sie die Ränder mit Kreppband ab. Wenn Sie den Quadraten noch einen Rahmen malen möchten, müssen Sie um jedes Quadrat eine weitere Linie vorzeichnen und auch diese abkleben. Schlicht gemalte Quadrate wirken dramatisch, ist der übrige Raum eher einfach gestaltet, können Sie die Quadrate zusätzlich mit einem Stempel oder einer Schablone (siehe S. 48 und 54) weiter ausgestalten. Das Design sollte aber nicht zu verspielt sein.

SEIEN SIE KREATIV

Warum Geld für teure Gemälde ausgeben, wenn Sie Kunstwerke auch selbst erschaffen können?

Sie müssen hierfür kein Künstler sein. Verwenden Sie matte wassergelöste Farben, die gut miteinander harmonieren – zum Beispiel drei oder vier Farben, die auf Farbmusterkarten nebeneinander liegen. Zeichnen Sie den Umriss Ihres „Gemäldes" an die Wand und streichen Sie es in einer Farbe an. Malen Sie kurz unter dem oberen Rand einen Streifen in der zweiten Farbe und verwischen Sie die Kanten mit einem feuchten Pinsel. Malen Sie ein oder zwei weitere Streifen in anderen Farben und verwischen Sie die Kanten wieder mit Wasser (auf S. 28 finden Sie einen gewagteren Einsatz dieser Technik).

Sie können Ihr eigenes modernes Gemälde schaffen, indem Sie Farbstreifen an die Wand malen und die Kanten verwischen. Bücher über moderne Kunst geben hier viele Anregungen.

Schablonen
und Stempel

Manchmal verlangt eine eher schlicht gestrichene Oberfläche förmlich nach einer weiteren Dekoration. Schablonen und Stempel sind in diesen Fällen ideale Hilfsmittel, da Sie mit diesen Techniken Muster hinzufügen oder die Atmosphäre eines Raums verstärken können. Dabei haben Sie außerdem viel mehr gestalterische Möglichkeiten als bei Tapeten.

Schablonen

Schablonieren und Stempeln sind zwei der ältesten Dekorationstechniken und auch die einfachsten (siehe Vorhaben auf S. 54–55). Entwerfen Sie Ihre eigenen Schablonen, indem Sie Muster abpausen oder zeichnen und sie dann ausschneiden. Sie können aber auch fertige Schablonen im Künstlerbedarf oder in Heimwerkermärkten erwerben und dazu Spezialfarbe und Schablonierpinsel, die Ihnen die Arbeit erleichtern. Auch fertige Stempel sind erhältlich.

Durch Schablonieren kann man einen Holzfußboden auf einfache Weise mit traditionellen Mustern schmücken.

Sie können natürlich auch wie in der Schule einfache Stempel aus Kartoffelhälften machen. Halbieren Sie eine rohe Kartoffel und schnitzen Sie eine hervorstehende Form hinein, indem Sie die Außenränder wegschneiden.

Die beliebtesten Schablonen der letzten Jahre waren eher dezent – eine Blumenranke entlang einer Bildleiste oder Weintrauben, die sich auf

Paneelhöhe rund um den Raum winden. Die neuesten Schablonen und Stempel sind noch einfacher gehalten und werden an gewagteren Stellen, jedoch eher maßvoll eingesetzt. Statt jede Oberfläche mit dem gleichen Motiv zu versehen, wählen Sie einen Bereich oder eine Wand und verwandeln Sie sie mit einfachen Formen und bunten Farben in etwas Besonderes. Anstatt ein kleines Motiv zu wiederholen, versuchen Sie es einmal mit einer großen Form. Zur Vereinfachung und um nicht eine unhandliche Schablone ausschneiden zu müssen, können Sie auch mit einem Tageslichtprojektor eine vergrößerte Version des geplanten Musters an die Wand werfen. Zeichnen Sie die Umrisse mit einem Bleistift nach, bevor Sie das Bild ausmalen.

Ein Kinderzimmer ist der ideale Ort für Schablonen und Stempel. Wählen Sie ein Thema für den Raum und verzieren Sie dann Wände und Möbel gleichermaßen.

Für die beste Wirkung kleben Sie die Schablone mit Kreppband an die Wand und drücken Sie die Ränder beim Malen an, damit keine Farbe darunter läuft. Nehmen Sie mit dem Pinsel nur sehr wenig wassergelöste Farbe auf, damit er trocken bleibt und tupfen Sie die Farbe auf. Wenn Sie die Farbintensität innerhalb des Musters variieren, erhalten Sie mehr Struktur, als wenn Sie es gleichmäßig einfärben. Sobald Sie die Schablone entfernen, können Sie per Hand weitere Farbe auftragen und Details ausarbeiten.

Schablonen sind nicht nur für Blumenmuster da – Sie können Sie so abstrakt und modern gestalten, wie es Ihrem Geschmack entspricht.

Kombinieren

Sie haben bereits gesehen, wie vielseitig und modern Spezialeffekte mit Farben eingesetzt werden können. Mit den verschiedenen Techniken können Sie vom Stadthaus aus dem 19. Jahrhundert bis zur umgebauten Lagerhalle alle Arten von Wohnungen verschönern und jedes Material vom nackten Stein bis zu Korkfliesen bearbeiten.

Übertreiben Sie es aber nicht, und verwenden Sie die Effekte in Maßen. Suchen Sie sich eine Oberfläche zum Verzieren aus. Halten Sie alles andere im Raum relativ schlicht. Ein Raum sieht mit getünchten Wänden gut aus, aber nicht mehr, wenn er mit zu vielen anderen Farbeffekten überfrachtet wird.

Getünchte Wände, ein terrakottafarbener Fußbodenbelag, weißes oder naturfarbenes Holz und einfache Holzmöbel bewirken einen mediterranen Look.

Für ein modernes Design sollten Sie die meisten Wände weiß oder hell halten und dann nur eine Wand betonen. Sie könnten ein modernes Gemälde selber aufmalen oder sich an dem Streifeneffekt von S. 28–29 versuchen. Damit beide Effekte ihre Wirkung voll entfalten können, sollten Sie sie mit anderen modernen Dekorationen, einem hellen Holzfußboden, Glastischen und eleganten Möbeln kombinieren.

Wenn Sie Talent zum Streichen haben, versuchen Sie doch, das Thema oder Muster der Tapete auf Holzteile zu kopieren, um Einheitlichkeit zu erreichen.

Hier sind die Holzschubladen und der elegante Stuhl mit den klassischen Ornamenten abgestimmt. So wirkt der Raum eher „gewachsen" als absichtlich gestaltet.

Der Antik-Look für Möbelstücke ist seit langem beliebt *(siehe S. 30–31)*. Mischen Sie „Antiquitäten" aus verschiedenen Epochen, damit der Raum wirklich so aussieht, als hätte er sich über die Jahre entwickelt. Das wirkt besonders gut bei neutralem Weiß oder Creme und bei gedämpften Pastelltönen. Stimmen Sie die bearbeiteten Möbel mit antiken Holzmöbeln, bequemen Sofas, Holzdielen und hübschen Teppichen ab. Zu den Wänden passen zarte, blasse Tapetenmuster, ein einfacher Anstrich in neutralen oder gedämpften Tönen oder auch Tünche.

Passt Naturholz nicht zu Ihrem Heim, können Sie es mit Farbe verwandeln und so ein modernes, farbiges und dennoch gemütliches Design kreieren.

Lappen

Pinsel

GETÜNCHTE WÄNDE

Farbe, die mit langen, ruhigen Pinselstrichen aufgetragen wird, verschönert sowohl unebene Wände als auch weichen Putz. Berechnen Sie die benötigte Farbmenge, indem Sie zuerst die zu tünchende Fläche ausmessen. Ein halber Liter Tünche reicht für 6 m². Kaufen Sie den Farbzusatz in einem Fachgeschäft und experimentieren Sie mit der Farbkonzentration, bevor Sie den Lack endgültig mischen. Tünchen ist ganz einfach, vor allem, wenn Sie einen Helfer haben.

SIE BRAUCHEN:

- Seidenglanzdispersionsfarbe
- Öllack (siehe S. 38)
- Ultramarine/violette Pigmente (Färben)
- Großer Plastikbehälter mit Deckel
- 2 breite (15 cm) Pinsel
- Saubere Lappen

ANWENDUNG

■ Streichen Sie die Wandoberfläche mit einer Schicht Dispersionsfarbe in der von Ihnen gewählten Grundfarbe (hier Weiß). Lassen Sie die Farbe trocknen.

■ Mischen Sie kleine Mengen Lack und probieren Sie ihn an einer unauffälligen Stelle der Wand aus. Merken Sie sich die verwendeten Mengen an Pigmenten, damit Sie den Lack immer wieder gleich mischen können (für die Farbe auf S. 53 haben wir 280 g Pigmente auf 3 Liter Öllack angemischt). Wenn Sie ein Muster haben, das Ihnen gefällt, mischen Sie den ganzen Lack an.

■ Tragen Sie den Lack zuerst in der rechten oberen Ecke der Wand auf. Arbeiten Sie sich mit schnellen, weiten Pinselstrichen nach außen und unten vor. Streichen Sie erst von rechts nach links, dann von links nach rechts, bis Sie eine Fläche von etwa einem Quadratmeter gestrichen haben. Vermeiden Sie eine allzu regelmäßige Form. Sollten die Ränder trocknen, bevor das nächste Quadrat fertig ist, kann ruhig eine Linie sichtbar bleiben.

quadratische Stempel

Metallic-Farbe

STEMPELTECHNIK

Flure, Esszimmer, Bäder und natürlich Kinderzimmer sind die idealen Räume für zusätzliche Dekorationen. Die verwendeten Formen bestimmen die Stimmung und wirken nach Wunsch verspielt oder raffiniert. Gestempelte Designs sind meist frecher und schlichter als schablonierte. Die silbernen Quadrate heben sich stark von der tiefblauen Wand ab.

SIE BRAUCHEN:

- *Indigo-Dispersionsfarbe*
- *Mittlerer Pinsel*
- *Weißer Bleistift*
- *Lotschnur*
- *Quadratischer Stempel von 7,5 cm^2*
- *Quadratischer Stempel von 2,5 cm^2*
- *Kl. Dose Metallic-Künstlerfarbe, Silber*
- *Flache Plastikschale oder Untertasse*

ANWENDUNG

■ Streichen Sie die Wand mit der Grundfarbe Ihrer Wahl. Ein dunkler Ton wie Dunkelblau, Rot oder Orange passt gut zum Esszimmer oder zum Flur und ergibt einen starken Kontrast zu den silbernen Metallic-Quadraten.

■ Ist die Farbe trocken, messen Sie die Wand aus und entscheiden, wie viel Platz zwischen den Stempeln verbleiben soll. Messen Sie mit der Lotschnur gerade Hilfslinien die Wand hinab aus und zeichnen Sie mit dem Bleistift oben, unten und auf der Hälfte der Linie leichte Punkte ein (Hier haben die großen Stempel einen

Abstand von 10 cm, und die kleinen werden per Augenmaß dazwischen gesetzt, damit es nicht zu gleichmäßig aussieht).

■ Füllen Sie eine kleine Menge Silberfarbe in die Plastikschale. Tauchen Sie den größeren Stempel hinein und probieren Sie auf Zeitungspapier, bis der Abdruck ein gleichmäßiges Quadrat ergibt. Beginnen Sie mit den größeren Quadraten in der linken oberen Ecke der Wand und arbeiten Sie sich nach unten vor.

■ Stempeln Sie weitere Reihen, bis die Wand bedeckt ist. Platzieren Sie dann sorgfältig nach Augenmaß die kleinen Quadrate dazwischen. Lassen Sie die großen Quadrate besser erst trocknen, bevor Sie mit den kleinen anfangen, damit Sie Ihr Werk nicht verschmieren.

ANSTRICH	ANWENDUNG
SCHABLO-NIEREN Malen Sie mit ausgeschnittenen Formen ein sich wiederholendes Muster.	Das Muster Ihrer Schablone sollte zum Stil des Raums passen. Nehmen Sie klassische oder Blumenmotive für einen traditionellen Raum und etwas Schlichteres, z. B. geometrische Formen, für moderne Räume. In traditionellen Räumen wirken Schablonenmuster am besten, wenn sie leicht verblasst sind. Wählen Sie gedämpfte Farben und tupfen Sie die Farbe leicht mit einem Schablonierpinsel auf. Vermeiden Sie es, die Schablone in ganzen Farbblöcken auszufüllen. Wassergelöste Farben eignen sich gut, obwohl inzwischen auch Spezialfarben in kleinen Dosen angeboten werden.
STEMPEL-TECHNIK Verzieren Sie eine Wand mit Stempeln, die aus Kartoffeln geschnitzt oder fertig gekauft werden.	Bildet einen individuellen Abschluss für schlichte, mit Dispersionsfarbe gestrichene Wände. Stempel machen auch auf ein hübsches Fenster aufmerksam, wenn sie nur dem Rahmen folgen. Oder malen Sie eine „Paneelleiste", indem Sie ein Muster auf Paneelhöhe rund um den Raum stempeln. Bei Schablonen können Sie mehrere Farben in einem Muster verwenden. Jeder Stempelabdruck aber kann nur aus einer Farbe bestehen, obwohl Sie diese auch mit mehreren Stempeln und verschiedenen Farbtöpfen variieren können.
TÜNCHEN Tünche ist mit Wasser noch weiter verdünnte Wasserfarbe, die in unregelmäßigen Pinselstrichen auf die Wand aufgetragen wird.	Dieser Farbeffekt ist zugleich raffiniert und vielseitig. Tünchen sollte man bevorzugt Wände, die eher uneben sind, da die verschiedenen Farbtiefen die Unregelmäßigkeiten verstecken. Damit kann auch ein mediterraner Look kreiert werden, besonders wenn Sie Farben nehmen, die in wärmeren Breitengraden gerne verwendet werden wie Terrakotta und ein gedämpftes Pink. Experimentieren Sie mit der Dickflüssigkeit der Tünche, bis Sie die gewünschte Farbtiefe finden.

ANSTRICH	ANWENDUNG
MARMORIEREN Ein Farbeffekt, der die Farbe und typische Maserung von Marmor vortäuscht.	Beste Ergebnisse erhalten Sie, wenn Sie diesen Effekt nur dort anwenden, wo auch wirklich Marmor vorkommen könnte, wie bei Kaminumrandungen, Paneelen, Badezimmern und Fußböden. Sie müssen keine perfekte Marmorimitation schaffen, nehmen Sie sich ruhig ein wenig künstlerische Freiheit. Wollen Sie es dennoch so originalgetreu wie möglich haben, studieren Sie echten Marmor in seiner Farbgebung und Maserung und versuchen Sie, ihn mit Künstlerölfarben zu kopieren.
ANTIK-LOOK Ein antik wirkender Farbeffekt auf Holz und Möbeln.	Solide Möbelstücke wie Tische, Schränke und Türen sind ideal für diesen Effekt geeignet. Durch den Antik-Look wirken die Stücke, als ob sie schon oftmals gestrichen worden wären und sich die Farbschichten im Laufe der Zeit abgenutzt hätten, sodass die älteren Farben durchscheinen. Sie können Schichten von verschiedenfarbigen wassergelösten oder lösemittelhaltigen Farben verwenden und die Oberfläche dann mit Stahlwolle abreiben. Versiegeln Sie das Stück zum Schluss mit klarem Lack.
WISCHTECHNIK Feine Linien durch Abtragen noch nasser Farbe oder Lacke mit Pinsel oder Kamm, um die Farbschicht darunter zu zeigen.	Perfekt für ältere Gebäude, da man einen traditionellen Look erhält, der weicher wirkt als mit normaler Farbe. Die Wischtechnik ist nicht für unebene Wände zu empfehlen, da die Pinselstriche dort verzerrt werden. Sie eignet sich besonders gut unter Paneelen und an Türen und kann durch eine Versiegelung zusätzlich geschützt werden.
TUPFTECHNIK Eine gewollt unregelmäßige Wirkung durch das Auftupfen von Farbe oder Lack mit Schwämmen.	Ein einfacher Farbeffekt für zwanglosere Räume wie Bad, Schlaf- oder Kinderzimmer. Das Tupfenmuster täuscht auch über unregelmäßige Oberflächen hinweg. Streichen Sie die Wand mit einer Grundschicht und tragen Sie dann mit dem Tupfschwamm eine zweite Schicht Farbe oder Lack auf, die aber recht dünn sein sollte (vier Teile Farbe auf einen Teil Wasser).

Mode

So wie Tünche und Stempeltechnik in letzter Zeit beliebter als Tupftechnik und Schablonieren wurden, steht uns der nächste neue Trend sicher schon bevor. Das Gute daran ist, dass die Farbhersteller sich dessen sehr bewusst sind und ständig neue Produkte entwickeln, mit denen Sie die allerneuesten Designs schnell, billig und einfach in Ihrem Heim anwenden können.

Putz & Beton

Putz & Beton

WÄNDE UND FUSSBÖDEN wurden immer schon gerne abgedeckt, angemalt und auf verschiedene Weisen verkleidet. Heutzutage findet man auch ein zunehmendes Interesse an der natürlichen Schönheit von Putz- und Betonoberflächen. Vom Penthouse-Appartment bis zum Herrenhaus aus dem 18. Jahrhundert kann jedes Heim von der Natürlichkeit dieser Stoffe profitieren.

Grundlagen

Gips

PUTZ

Das Verputzen wird normalerweise nur vom Fachmann ausgeführt. Wenn Sie es nie zuvor versucht haben, suchen Sie sich besser professionelle Hilfe und arbeiten mit einem Stukkateur zusammen, um Ihre Wünsche zu verwirklichen. Es gibt zwei Typen von Putz: Gipsputz und Mischungen aus Zement, Kalk und Sand. Sie werden als Unterputz oder auch als Oberputz für eine bereits verputzte Fläche verwendet.

Kalk

▓ **GIPSPUTZ** Die häufigste Putzart ist Gips aus Sedimentgestein, die im Gemisch mit Wasser hart wird und eine gute Oberfläche für Innenwände ergibt. Gipsputz für den Unterputz ist mit leichten Zuschlagstoffen vorgemischt und benötigt nur noch die Zugabe von Wasser.

Putz

▓ **KALKZEMENTPUTZ** Vor dem Aufkommen von Gipsputz wurden Kalk- und Sandputz als Unterputz verwendet und reiner Kalk für den Oberputz. Grundierungen aus Sandputz bestehen aus Kalk und Zement und müssen vor Ort mit Sand gemischt werden.

Kunststoffkleber

▓ **EINLAGIGER PUTZ** Sie können ihn fertig oder in Mischkübeln kaufen. Kaufen Sie den Putz in Säcken für Großflächen und mischen Sie ihn vor Ort mit Wasser. Für Ausbesserungsarbeiten ist Fertigputz ideal. Sie sollten die

Sand

Fläche mit einem Bindemittel wie PVAC vorbereiten, das die Haftung verbessert. Eine Oberfläche mit wenig Saugkraft wie Ziegel oder Beton sollte mit einer Mischung aus einem Teil PVAC mit 5 Teilen Wasser bedeckt werden, der eine Lage aus 4 Teilen PVAC mit einem Teil Wasser folgt. Tragen Sie den Putz auf, solange das Bindemittel klebt.

Praktischer Nutzen und Dekor gleichermaßen: Ein Beton-boden kann mit Fußboden-farbe in einem Muster Ihrer Wahl verziert werden. Hier erwecken kleine Farbblöcke den Eindruck ländlicher Fliesen.

BETON

Zement, Zusatzstoffe und Sand können zu Hause zu Beton gemischt und verlegt oder in Platten, Blöcken oder Ziegeln gekauft werden. Früher wurde Beton nur als Unterboden oder in Nutzräumen verwendet, aber heute wird er als moderner Fußbo-den oder als Wandverkleidung gerne strukturiert und gestrichen.

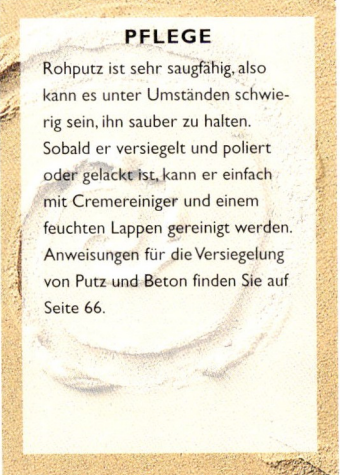

PFLEGE

Rohputz ist sehr saugfähig, also kann es unter Umständen schwie-rig sein, ihn sauber zu halten. Sobald er versiegelt und poliert oder gelackt ist, kann er einfach mit Cremereiniger und einem feuchten Lappen gereinigt werden. Anweisungen für die Versiegelung von Putz und Beton finden Sie auf Seite 66.

Strukturputz

Nehmen wir an, Sie haben bereits eine hübsche Kombination von Stoffbezügen für Ihr Sofa und für Ihre Stühle zusammengestellt. Aber wie sieht es mit den Wänden aus? Fertig gemischte Wandbeschichtungen stehen hoch im Kurs beim wieder erwachten Interesse an strukturierten Oberflächen. Sie sind in vielen Sorten und Farben erhältlich und können zu einer nahezu unendlichen Anzahl von Mustern verarbeitet werden.

Wenn Ihnen diese Fertigmischungen nicht zusagen, arbeiten Sie doch mit herkömmlichem Putz. Lassen Sie sich von italienischem Stuck, den ungleichmäßigen Wandbelägen im ländlichen Spanien oder den wunderschön verwitterten Fassaden in England und Irland inspirieren. Wählen Sie ein lockeres, unregelmäßiges Muster für ländliche oder

Drahtbürste

Spachtel

Grobputz passt sowohl zu modernen Innenräumen als auch zu rustikalen Zimmern.

mediterrane Effekte. Suchen Sie für einen modernen Look nach eher regelmäßigen Mustern und ergänzen Sie Metalle und Steine für zusätzliche Struktur *(siehe S. 64)*.

Es gibt keine festen Regeln, ob und welche Struktur man beim Verputzen verwenden sollte. Schon immer haben die Menschen sich auf individuelle Weise auf ihren Wänden kreativ betätigt und ansprechende Dekorationen erschaffen. Nur eines sollte man beachten: Lassen Sie sich eher vom Stil Ihres Heims und Ihrem persönlichen Geschmack leiten als von Modetrends.

In diesem Wohnzimmer stellen die rau verputzten Wände einen gelungenen Kontrast zu den weichen Linien des Holzes und zum gemütlichen Sofa dar.

Lassen Sie bei der Arbeit mit Putz einen Profi die Grundarbeit erledigen und fügen Sie dann eigene Details hinzu, bevor der Putz trocknet. Oder Sie ergänzen selbst eine Schicht Oberputz auf einer bereits verputzten Wand (nach dem Abbinden, *siehe S. 60–61)* und lassen Ihrer Kreativität freien Lauf. Mit einer Strukturschicht ist das recht einfach. Erstellen Sie Punkte, Wirbel und Linien, tupfen Sie mit einem feuchten Schwamm oder experimentieren Sie mit einer Drahtbürste, die Sie durch den feuchten Putz ziehen.

Schwamm

TIPP

Strukturputz zieht mehr Staub an als glatte Flächen, was einen höheren Putzaufwand bedeutet.

Seien Sie kreativ

Wenn einfacher Putz und Beton Ihnen nicht für Ihr gewünschtes Design genügen, dann verwenden Sie zusätzliche Dekorstoffe. Diese sind einfach beim Mischen hinzuzufügen oder auch auf dem bereits aufgetragenen, aber noch feuchten Putz anzubringen. Sie müssen nicht den ganzen Raum gleich gestalten. Heben Sie mit speziellen Dekorationen eine Wand, den Teil einer Wand oder auch nur eine Nische hervor.

Verputzte Wände oder Betonwände eignen sich gut für zusätzlichen Schmuck, solange die Oberfläche noch feucht ist. Muscheln, Kieselsteine und bunte Murmeln sind perfekt für eine einzigartige, auffällige Dekoration Ihrer Wände.

FANTASIEVOLLE MISCHUNGEN

Mischen Sie Farbpigmente für eine attraktive Wandbeschichtung in den Oberputz. So können Sie auch nagelneuem Putz ein zartes Pink oder warmes Terrakotta verleihen. Für ein moderneres Desgin können Sie Putz in fertigen Farbmischungen kaufen.

Geben Sie für einen körnigeren, strukturierten Putz mehr Sand in den Oberputz. Mischen Sie den Sand vorsichtig bei, bis Sie die gewünschte Konsistenz erreichen. Kleine Glas- oder glänzende Metallstücke in der Putzmischung lassen Wände wie einen schimmernden Spiegel wirken, besonders bei künstlichem Licht. Innenräume nach japanischer Art werden durch kleine Muschelstücke,

Hanffasern oder winzige weiße Kieselsteine in der Putzmischung interessanter.

Für einen terrazzo-ähnlichen Fußboden können Sie einen Spezialzusatz zu der Betonmischung geben. Wenn der Beton fest ist, polieren Sie ihn und erhalten einen zarten, marmorierten Effekt. Am besten lassen Sie dies von einem Profi erledigen.

Auf Putz oder Beton können Sie mit allem arbeiten, was belastbar ist. Eine Reihe aus Kieselsteinen, die an der Zimmerkante in den Boden eingearbeitet ist, oder ein Blockmuster mit Strandkieseln im Fußboden sehen hervorraged aus. Fügen Sie in eine Wand vier sehr auffällige Fliesen ein oder kerben Sie Muster mit einem stumpfen Werkzeug in den Putz – mit etwas Geschick kann es wirken wie eine Wand aus großen Steinblöcken.

Tünche ist eine traditionelle Beschichtung für Rauputz und die perfekte Grundlage für ein rustikales oder mediterranes Design.

Versiegelung und Schutz

Harzfirnis

Frischer Putz kann bis zu sechs Wochen Trocknungszeit benötigen. In dieser Zeit schwitzt er basische Ablagerungen aus. Entfernen Sie diese Ablagerungen ab und zu mit einem harten Pinsel, bis sie nicht mehr wiederkommen. Erst dann sollten Sie die Wände versiegeln und/oder schützen.

Wenn Sie den Putz mit Tünche oder einem anderen Spezialanstrich bearbeiten wollen, muss er erst versiegelt werden, um der Farbe eine Haftgrundlage zu bieten. Ob Sie die Wand streichen oder den Putz natürlich belassen, die Oberfläche muss geschützt werden, damit Sie nicht nach jeder Berührung Staub an den Händen haben.

Lackpinsel

VERSIEGELN VON PUTZ UND BETON

Wollen Sie Putz mit Ölfarbe streichen, müssen Sie die Wand mit laugenbeständiger Grundierung vorbereiten. Bei Dispersionsfarbe versiegeln Sie den Putz am besten mit einer feinen Schicht aus mit Wasser verdünnter Dispersion.

Bei Fußbodenfarbe braucht Beton keine Grundierung. Streichen Sie ihn in einem glänzenden, neutralen Ton wie Weiß, gebrochenem Weiß oder Schwarz, kann zu einem wirklich raffinierten Bo-

Das natürliche Rosa von neuem Putz wirkt weich, warm und attraktiv, muss aber versiegelt werden, um ihn vor Flecken zu schützen.

denbelag werden, der das Licht reflektiert – ideal für Küchen, aber auch für ein schickes oder zweckmäßig eingerichtetes Wohnzimmer.

SCHUTZ DER OBERFLÄCHE

Die beste Versiegelung für Wände ist wassergelöste Firnis. Wählen Sie entsprechend matte, seiden-glänzende oder glänzende. Bei naturrosafarbenem Putz wirkt eine matte Versiegelung am besten, während eine glänzende Schicht das Licht reflektiert und eher modern wirkt. Versiegeln Sie den Boden mit mehreren Schichten Acrylfirnis, damit er belast-bar wird. Das ist wichtig für Durchgangsbereiche oder Räume wie Küchen, in denen Sie starke Reini-gungsmittel verwenden.

Eine strukturierte Decke wird heutzutage eher vermieden, wird sie aber in einem rusti-kalen Gesamtbild mit Holz kombiniert, wirkt sie durchaus angemessen.

Bohrmaschine

Polierhaube

Polierscheibe

Diese Badezimmerwand wurde grob verputzt und getüncht. Eine einfache, große Zeichnung wurde hinzugefügt, bevor die Wand poliert bzw. versiegelt wurde.

Polieren und Wachsen

Rohputz entwickelt einen hübschen Glanz, wenn er poliert oder gewachst wird. Polieren eignet sich für Bereiche, in denen Sie nur die Farbe des Putzes betonen möchten, während Wachsen die Oberfläche auch vor Abnutzung schützt.

POLITUR UND FARBEN

Eine verputzte Wand zu polieren, ist keine Kunst, sondern körperliche Arbeit. Abreiben mit einem weichen Lappen ist die einfachste, wenn auch nicht die leichteste Methode. Für eine große Wand sollten Sie einen elektrischen Polierer oder einen Polieraufsatz auf der Bohrmaschine verwenden (Sie können aber auch mit Acrylfirnis einen ähnlichen Effekt erreichen).

Polierter Putz passt am besten zu einem italienischen Stil. Für ein authentisches Aussehen mischen Sie vor dem Auftragen Ölfarben wie Ockergelb, gebrannte Umbra, Umbra und Grau in den Putz. Ist er trocken, schmirgeln Sie ihn ab und polieren ihn dann mit einem weichen fusselfreien Lappen, bis er matt glänzt. Für den Stil italienischer Villen verwenden Sie blassere und zartere Töne – wie Naturputz mit einem Hauch Rosa – und polieren wieder, bis der Putz matt glänzt.

PUTZ WACHSEN

Wählen Sie das passenden Fertigwachs – Bienen-
und Karnaubawachs ist ideal. Wenn die Oberfläche
nicht gelb oder braun werden darf, sollte das Wachs
möglichst durchsichtig sein, damit die vorhandenen
Farben durchscheinen. Vermeiden Sie also gefärbte
Wachssorten. Einige Sorten enthalten Silikon, damit
sie schneller härten und beim Polieren schneller
glänzen (wenn Sie das wollen).

Rohputz versiegeln Sie erst mit PVAC, damit das
Wachs nicht zu tief einzieht. Ist das PVAC trocken,
können Sie wachsen. Reiben Sie das Wachs mit
einem Stück Stoff in kreisförmigen Bewegungen ein.
Nach ein paar Schichten lassen Sie es einige Stun-
den aushärten. Polieren Sie es mit einer weichen
Schuhbürste und dann mit einem Staubtuch. Diese
Arbeit können Sie auch einem Profi überlassen.

weiche Polierbürsten

fusselfreier Lappen

Kombinieren

Putz passt zu jedem Stil – vorausgesetzt, Sie wählen die richtige Farbe und/oder Struktur. Hier folgt eine Aufstellung einiger Grundtypen von Putz und der Stilrichtungen, zu denen sie am besten passen.

Grober, ungleichmäßig strukturierter Putz (wie auf den Seiten 74–75) eignet sich am besten für marokkanische oder ländliche Räume mit einer entspannten Atmosphäre. Für den marokkanischen Stil kombinieren Sie groben Putz mit Erdfarben oder getünchten Wänden und dekorieren den Raum mit Kelim-Teppichen auf dem Boden, naivem Handwerk, buntem Glas und kunstvoll geschnitztem Holz.

Einfache nackte Wände schaffen ruhigen Minimalismus in einem Raum, in dem der einzige Luxus die Kissen sind.

Für den Landhausstil kombinieren Sie groben Putz mit zarten Erdfarben oder Tünche, frei liegendem Backsteinmauerwerk, dunklem Holz, blanken Steinen und Steingut.

Strukturputz mit einer gekräuselten Oberfläche passt besser zu modernen Innenräumen, in denen die Betonung auf Einfachheit und Struktur liegt. Kombinieren Sie den Putz mit gebleichten Holzböden, weißer Farbe, großen Glasflächen und praktischen Möbeln.

Die grob strukturierten Wände passen zur erdfarbenen, rustikalen Küche mit Holzmöbeln und einem Fliesenboden.

Glatt gewachste, verputzte Wände passen auch zum Antik-Look. Sie erinnern an längst vergangene Zeiten. Kombinieren Sie sie also mit traditionellen Bodenfliesen, Antiquitäten und Marmor. Runden Sie das Design des Zimmers mit luxuriösen Stoffen wie Samt, Seite, Damast oder Toile ab.

Ein polierter Betonboden sieht in einer modernen, praktischen Umgebung gut aus. In einer Küche passt er zu Geräten und Oberflächen aus rostfreiem Stahl, Glasblöcken und weißen oder hellen Farb

Die zarten blaugrauen Töne der verputzten Wand passen gut zu den Holzarbeitsflächen in der Küche. Die Blumen sind ein hübscher Farbtupfer.

tönen an den Wänden. In Wohn- oder Esszimmern ist ein polierter Boden flexibel kombinierbar, passt aber am besten zu einem eher minimalistischen Look. Einen solchen Fußboden kombiniert man nicht mit Blumen und Verzierungen. Metall, Glas, einfache Fliesen und gebleichtes Holz harmonieren am besten damit.

Putz

Lappen

FÄRBEN UND POLIEREN VON PUTZ

Wenn Sie kein erfahrener Heimwerker sind, tragen Sie Putz besser mit Hilfe eines Fachmanns auf. Entweder Sie führen dieses und das Vorhaben auf der nächsten Seite gemeinsam mit Ihrem Dekorateur aus (Sie machen die Tönung und polieren, er trägt den Putz gleichmäßig auf), oder Sie fragen, ob er Ihnen das richtige Verputzen beibringt. Durch die Zugabe von Farbe vor der Verarbeitung können Sie verschiedene Effekte erreichen.

SIE BRAUCHEN:

* *Einlagiger Putz (Ihr Fachmann sagt Ihnen die richtige Menge)*
* *500 g Pigmente, rostrot*
* *PVAC-Kleber*
* *Große Dose Bienenwachs*
* *Saubere, weiche Lappen zum Abreiben*

ANWENDUNG

* Mischen Sie eine Tasse Putz an und probieren Sie den Farbton, indem Sie sehr wenig Pigmente dazugeben. Die Farbe wird später um etwa die Hälfte verblassen, mischen Sie die Farbe also dunkler als gewünscht. Wenn Ihnen der Ton gefällt, lassen Sie den Fachmann den ganzen Putz mischen und einfärben (500 g Pigmente sind mehr als genug für das Verputzen von 40 m² wie in der Abbildung gegenüber).
* Tragen Sie den Putz in einer dünnen, gleichmäßigen Schicht auf. Lassen Sie ihn trocknen.

* Mischen Sie PVAC-Kleber (sechs Teile Wasser auf einen Teil PVAC) für die Versiegelung, damit die Wand nicht so viel Wachs aufnimmt. Streichen Sie schnell und gleichmäßig. Lassen Sie sie trocknen.
* Nehmen Sie etwas Bienenwachs auf einen sauberen Lappen und reiben Sie es gründlich in den Putz ein. Beginnen Sie in der linken oberen Ecke und arbeiten Sie sich quadratmeterweise vor. Wenn Sie die erste Schicht aufgetragen haben, beginnen Sie mit der zweiten. Arbeiten Sie langsam und gründlich – zu viel Wachs auf einmal führt zu Flecken.
* Danach polieren Sie die Wand mit einem weichen Lappen, bis sie leicht glänzt. Diese harte Arbeit wird mit einem prächtigen Schimmern belohnt.
* Schneller geht es, wenn Sie statt Wachs eine dünne Schicht Hochglanz-Acrylfirnis auftragen. Das Ergebnis ist ähnlich, obwohl Bienenwachs einfach besser aussieht.

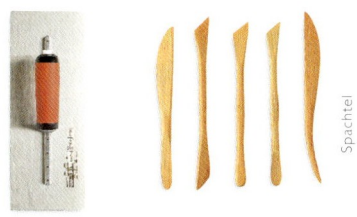

Spachtel

MUSTER IM PUTZ

*Per Hand oder mit einem Spachtel eingeritzte Muster im Putz sind eine
sehr individuelle Wanddekoration. Wenn Sie keine Erfahrung haben,
überlassen Sie das Verputzen lieber einem Fachmann. Erklären Sie ihm,
welchen Effekt Sie wünschen, und beginnen Sie Ihre Arbeit, sobald der Putz
an der Wand, aber noch feucht ist. Das hier abgebildete Muster passt zu
vielen Stilen vom rustikalen bis zum minimalistischen. Linien oder Spiralen
sind die einfachsten Effekte.*

SIE BRAUCHEN:

* *Einlagiger Putz*
* *Schnur*
* *Reißzwecken*
* *Spachtel oder Bleistift für die Muster*
* *Matte Versiegelung*
* *Mittlerer Malerpinsel*

ANWENDUNG

* Überlegen Sie, wo Sie die Linien haben wollen, wie sie angeordnet und wie viele es sein sollen. Markieren Sie an den äußeren Kanten der Wand die Ausgangspunkte jeder Linie. Beachten Sie, dass sie an jedem Ende auf gleicher Höhe sind. Schneiden Sie Schnüre zurecht, die länger als die Wand sind, und legen Sie diese und Reißzwecken bereit, damit Sie gleich nach dem Verputzen anfangen können.
* Entweder tragen Sie den Oberputz auf oder Ihr Fachmann. Der Putz sollte zwar grob, aber trotzdem gleichmäßig und eben sein.

* Sobald der Putz aufgebracht ist, befestigen Sie die Schnüre mit den Reißzwecken an der Wand. Achten Sie dabei auf die Bleistiftmarkierungen, damit die Schnüre möglichst gerade gespannt werden. Fahren Sie mit einem Spachtel oder Bleistift leicht an den Schnüren entlang (Oder malen Sie mit dem Finger schnell Spiralen in die Wand – siehe unten).
* Lassen Sie den Putz trocknen. Er kann mit einer dünnen Schicht Mattlack versiegelt werden, der mit einem mittleren Malerpinsel aufgetragen wird.

SCHICHT	ANWENDUNG
ROHPUTZ Putz, der unversiegelt bleibt	Eine Grundbeschichtung, die sich nur für Räume mit geringer Abnutzung eignet, da die unversiegelte Oberfläche leicht Flecken bekommt, die man dann nicht mehr entfernen kann. Er passt z. B. zu Schlafzimmern und ist romantisch rosafarben.
GETÖNTER PUTZ Rohputz mit zusätzlicher Farbe	Von der Oberflächenbeschaffenheit her wie Rohputz. Der einzige Unterschied besteht darin, dass diesem Putz Pigmente für verschiedene Farben hinzugefügt werden.
POLIERTER PUTZ Putz, der poliert wird, bis er matt oder stark glänzt	Wurde der Putz mit Bienenwachs oder einer leichten Silikonpolitur behandelt, können Sie Flecken wegpolieren. Diese pflegeintensive Beschichtung eignet sich für Räume, die nur wenig genutzt werden. Das Polieren ist viel Arbeit und sollte in mehreren Schichten erfolgen.
VERSIEGELTER PUTZ Matt oder glänzend versiegelter Putz	Diese Art von poliertem Putz ist praktischer und pflegeleichter, wobei der Effekt gleichmäßiger ist und nicht ganz so natürlich aussieht wie polierter Putz. Glänzend versiegelter Putz passt am besten zu viel genutzten Räumen, da er leichter zu reinigen ist.
KALKTÜNCHE Kalktünche wird aus Kalk, Wasser und Farbe gemischt	Eine weiße Tünche, die etwas schwierig zu handhaben ist, da sie ständig umgerührt werden muss. Sie wirkt rau und rustikal, neigt aber zum Abblättern. Die zarte, pulvrig matte Struktur von Kalktünche ist jedoch sehr reizvoll. Bei der Zugabe der Farbpigmente sollten Sie sich unbedingt an die Anweisung des Herstellers halten, um sich vor unerwünschten Reaktionen der Pigmente mit dem Kalk zu schützen.

SCHICHT	ANWENDUNG
TEMPERAFARBE Weiße Tünche; wie Kalktünche, aber noch zarter und brüchiger	Eine zerbrechliche, aber schöne Beschichtung. Sie blättert schon beim Berühren ab und hält keiner Belastung stand. Verwenden Sie sie nur in wenig genutzen Räumen.
FRESKE Putz, der noch in feuchtem Zustand mit Aquarellfarben bemalt wird	Passt zu einem einfachen, naiven Design. Sie können auf dem Putz mit Aquarellfarben Muster wie grobe Streifen, Quadrate oder Punkte malen. Die Farbe muss aufgetragen werden, solange der Putz noch nass ist. Die Beschichtung muss versiegelt werden und neigt zum Abblättern.
STRUKTURPUTZ Putz, der noch in feuchtem Zustand mit Strukturwerkzeugen bearbeitet wird	Diese Technik eignet sich sowohl für moderne als auch für Räume im Landhausstil. Wenn der Putz auf die Wand aufgetragen wird, bearbeiten Sie ihn mit Kämmen, Rollen oder sogar mit Ihren Fingern. Die Oberfläche ist hinterher schwierig zu versiegeln. Wenden Sie die Technik also am besten in Bereichen an, in denen der Putz unversiegelt bleiben kann.

Putz ist beliebt

Putz war schon immer ein grundlegendes Ober-
flächenmaterial, und das wird sich auch in der
Zukunft nicht ändern. Von einfacher weißer Tünche
über zartes Naturrosa bis zu fröhlichen bunten
Farben passen hübsch verputzte Wände zu jedem
Wohnstil.

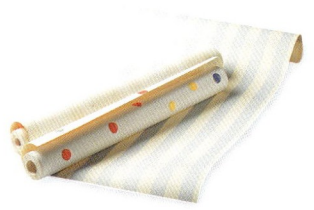

Wandverkleidung

WANDVERKLEIDUNGEN sind wieder in Mode – und das verdientermaßen. Wenn Ihre übrige Einrichtung eher minimalistisch ist, sind Wandbekleidungen eine gute Möglichkeit für zusätzliche Muster und Farben. Ihr gewähltes Motiv verstärkt den Stil oder das Thema eines Raums.

Grundlagen

Wandverkleidungen können Innenräume völlig verwandeln – Farbe, Muster und Struktur beeinflussen Atmosphäre, Stil oder Thema des Raums. Bei der Auswahl sollten Sie allerdings nicht nur die Optik berücksichtigen, sondern auch praktische Aspekte wie Haltbarkeit und Abwaschbarkeit.

WANDVERKLEIDUNGEN VERSTEHEN

Man kann Wandverkleidungen für jedes Vorhaben und für jeden Stil erwerben.

■ **MAKULATURTAPETE** Grundtapete für Tapete oder Farbe. Sie wird bei unebenen Wänden oder bei hochwertigen Tapeten horizontal als Unterlage geklebt.

■ **MASCHINENDRUCKTAPETEN** Die am meisten verwendeten Tapeten, erhältlich in einer breiten Palette von Mustern und Farben. Sie sind oft was-

Mit Kleister, einem Pinsel und etwas Tapete können Sie einen Raum im Handumdrehen mit Mustern und Farben verschönern.

Mit Tapete können Sie beinahe so kreativ sein wie mit Farbe. Hier wurde eine Tapetenbahn in einem anderen Farbton aber aus der gleichen Kollektion horizontal geklebt, was den Blick auf die moderne Tapetenkante lenkt.

serabweisend, werden aber nicht für strapazierte Bereiche wie Kinderzimmer und Küchen empfohlen.

■ **VINYLTAPETE** Ein Kunststofffilm verstärkt diese Tapete und macht sie waschbeständiger. Sie eignet sich für Badezimmer, da sie die Feuchtigkeit abweist.

■ **ABWASCHBARE TAPETE** Nicht so widerstandsfähig wie Vinyltapete, aber mit einem dünnen Plastikfilm beschichtet, der mit einem feuchten Lappen abgewischt werden kann.

■ **BORDÜREN** Es gibt zwei Typen: selbst klebende und solche, die man mit Kleister anbringt. Mit einer Bordüre fügen Sie schnell und einfach ein Muster hinzu und erschaffen ein Thema für den Raum. Bordüren lassen das Zimmer niedriger wirken.

■ **VORGEKLEISTERTE TAPETE** Die Rückseite ist mit durch Wasser aktivierbaren Kleber beschichtet.

■ **STRUKTUR- UND PRÄGETAPETEN** Die Reliefmuster auf dieser schweren Tapete sind attraktiv und verdecken gleichzeitig unebene Wände. Es gibt z. B. Anaglypta (Prägetapete) und Vinaglypta (Vinylprägetapete). Sie können diese Tapeten auch überstreichen.

■ **TEXTILTAPETEN** Stoffe auf einer Papierbahn. Eventuell brauchen Sie Spezialkleber, der nicht auf den Stoff gelangen sollte.

■ **RAUFASERTAPETE** Durch die eingearbeiteten Holzstückchen verbirgt diese Tapete hervorragend kleinere Mängel in der Wand. Sie muss überstrichen werden.

Trotz der gemusterten Tapete wirkt der Raum nicht überladen, da die Akzentfarbe der Tapete zu den Gardinen passt.

PFLEGE

Sehen Sie sich die Pflegeanleitungen auf dem Etikett der Tapete an. Probieren Sie ein Reinigungsmittel erst an einer unauffälligen Stelle aus. Die meisten Flecken können mit einem sauberen Künstlerradierer oder sogar mit einem Stück Brot, das Sie auf dem Fleck reiben, entfernt werden. Waschbeständige Tapeten und Vinyltapeten können mit einem feuchten Schwamm abgewischt werden.

Strukturtapete

Strukturmuster

Strukturtapeten sind eine einfache und effektive Möglichkeit, einem Raum mehr Struktur und Muster zu verleihen. Relieftapeten müssen nicht mehr nur auf traditionelle Stile beschränkt werden – mittlerweile gibt es sie ebenso in modernen Designs. Es gibt allein Hunderte von Anaglypta-Tapeten mit Putzeffekten, Naturgeweben und Streifen sowie auffälligeren Mustern wie Schriftzeichen, Krakelierlasur und Wirbeln.

Dieser Platz erhält durch die Strukturtapete eine zusätzliche Dimension, welche die Einfachheit der neutralen Farben und der schlichten Einrichtung ergänzt.

Die praktische Natur dieser Tapeten und die Tatsache, dass sie immer wieder überstreichbar sind, machen sie zur idealen Wahl für Flure, Kinderzimmer und andere viel genutzte Bereiche. Sie müssen auch nicht den ganzen Raum mit der gleichen

Tapete versehen – Sie können nur eine Wand tapezieren oder auch nur den Bereich unterhalb der Paneelleiste.

ANWENDUNG

Das Gute an Strukturtapeten ist, dass man sie in der gewünschten Farbe überstreichen und sie damit dem persönlichen Geschmack immer wieder anpassen kann. Bevor Sie aber an den Anstrich denken, müssen Sie die Wände vorbereiten, indem Sie horizontal Makulaturtapete aufkleben. Als nächstes streichen Sie die Rückseite der Strukturtapete mit reichlich Kraftkleister ein und lassen ihn einwirken. Wenn Sie die Tapete korrekt und blasenfrei an die Wand gesetzt haben, streichen Sie mit einem feuchten Lappen sanft die Nähte glatt – ein Roller würde das Reliefmuster zu sehr plätten.

Farbige Tapeten

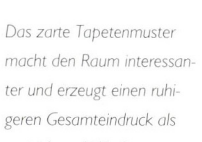

Farbbeispiele

Das zarte Tapetenmuster macht den Raum interessanter und erzeugt einen ruhigeren Gesamteindruck als gestrichene Wände.

Hätten Sie gerne farbige Anstriche, aber Ihre Wände sind zu uneben? Oder brauchen Sie unbedingt waschbeständige Wandbeläge? Es gibt viele Tapetenarten, die nicht nur auf den ersten Blick wie eine gestrichene Wand wirken, ohne dass Sie Pinsel, Tönung und Lack in die Hand nehmen müssen. Einige Tapeten sehen so aus, als ob Sie die Wände mit der Schwamm- oder Wischtechnik bearbeitet hätten. Die erhältlichen Farben werden natürlich von den Modetrends diktiert, Sie sind also weniger flexibel als beim Selbermischen, aber die Auswahl ist groß genug. Von zarten Erdtönen auf Basis von Naturfarbstoffen über dunklere Herbstfarben bis zu frischen Frühlingstönen wie Hellgrün, Zitronengelb und Blasslila ist alles erhältlich. Viele dieser Tapeten haben zudem eine Oberfläche aus schimmernder Lasur, die viel Licht in den Raum reflektiert.

ANWENDUNG

Die bunten Tapeten sind gut für die Dekoration eines ganzen Zimmers, aber auch zum Mischen und Abstimmen mit gemusterten Tapeten und gestrichenen Wänden geeignet. Statt alle Wände eines Raums einheitlich zu gestalten,

können Sie durch die Betonung einzelner Bereiche mehr Interesse wecken. Nehmen wir an, Sie hätten sich in eine besonders frech gemusterte Tapete verliebt, denken aber, dass Sie den Raum überfrachten, wenn Sie ihn vollständig damit tapezieren würden. Warum bekleben Sie dann nicht nur eine Wand, etwa hinter der Anrichte, dem Sofa oder dem Bett, und wählen dann eine passend dezent gefärbte Tapete für die anderen Wände?

Was die richtige Farbauswahl und die Kombinationsmöglichkeiten betrifft, finden Sie auf Seite 24 die Regeln der Farbtheorie und den Farbkreis. Wenn Sie sich bereits für einen Vorhang oder ein Rollo entschieden haben, suchen Sie sich besser eine Tapete aus, die zu dessen Hauptfarbe passt anstatt zu kontrastieren. Dadurch wirkt der Raum harmonischer und ruhiger.

Ein modernes Design und eine warme rote Tapete ergänzen die modernen Möbel in diesem Raum.

klein gemusterte Beispiele

Gemusterte Tapeten

Die Motive für Tapetenmuster ändern sich ständig, aber man kann sie dennoch in zwei Kategorien einteilen: groß und klein gemustert.

KLEIN GEMUSTERTE TAPETEN

Es ist wichtig, die Größe der Muster mit dem zu tapezierenden Bereich abzustimmen, aber Sie müssen sich nicht auf kleine Motive beschränken, nur weil der Raum nicht allzu groß ist. Ein Raum mit kleinen Mustern wirkt zwar größer, aber auch eine winzige Gästetoilette kann erstaunen, wenn eine Wand mit großem Muster tapeziert ist.

Das Mischen der Mustergrößen wirkt ausgleichend, und das fortgesetzte Blumenmotiv schafft eine thematische Einheit im Raum.

ANWENDUNG

Es ist schwierig, sich ein Muster an der Wand vorzustellen, besonders weil die Musterbücher nur kleine Tapetenstücke beinhalten. Selbst Muster, die in den Büchern groß erscheinen, sehen an der Wand kleiner aus. Lehnen Sie das Musterbuch an die Wand und sehen Sie es sich aus einer anderen Ecke des Raums an. Einige der kleineren Motive verschwimmen aus der Entfernung zu einer einheitlichen Fläche. Dieser Effekt eignet sich für Wände, die z. B. den Hintergrund für eine Bilderreihe darstellen sollen, denn sie lenken den Blick nicht vom Gemälde ab. Wenn Sie beeindruckendere Motive wünschen, sollten Sie großflächige Muster wählen.

Gepunktete Tapeten sind lustig und lebendig. Eine schlichtere Tapete auf der unteren Hälfte der Wand verhindert eine Überladung.

klein gemusterte Tapete

GROSS GEMUSTERTE TAPETEN

Kleine Muster schaffen einen Hintergrund für andere Elemente. Große Muster sprechen eine deutlichere Sprache und lassen einen Raum kleiner wirken. Sie sollten bedächtiger eingesetzt werden, aber sie können sehr stilvoll aussehen.

groß gemusterte Beispiele

ANWENDUNG

Einige Tapeten haben zwar ein großes Motiv, aber weil die Farbe des Motivs recht kalt oder zart ist oder gut in den Hintergrund übergeht, wirken sie nicht so mächtig und überladen den Raum nicht. Versuchen Sie auch einmal ein Design mit luftigeren Motiven wie Spalieren oder fließenden Linien. Tapeten mit einer Mischung aus kleinen und großen Formen sind oft weniger aufdringlich als die mit einem sich wiederholenden großen Motiv.

Die breiten Streifen der Tapete geben das Muster des Sofas wieder und runden die großen Motive an den Vorhängen ab. Eine zu klein gemusterte Tapete wäre für die Atmosphäre des Zimmers nicht geeignet, weil sie aufdringlich wirken würde.

Einige Muster sind nicht leicht zu kombinieren und abzustimmen. Hier kommt das gleiche Muster auf den Gardinen und der Bettwäsche vor.

Ein großes Blumenmuster mit einem offenen Hintergrund ist angenehm für das Auge und ideal für ein Schlafzimmer.

Streifenmuster werden im Allgemeinen den groß gemusterten Tapeten zugeordnet, obwohl sehr schmale Streifen von Weitem scheinbar in helleren Farben verschwimmen und dadurch ihre Wirkung verlieren. Breite, zweifarbige Streifen machen einen Raum immer kleiner, als er ist. Vertikale Streifen verleihen den Wänden zweifelsohne mehr Höhe, aber kleben Sie die Tapete für einen moderneren Look doch einmal quer auf und lassen Sie den Raum so viel breiter wirken.

Geometrische Muster wie Streifen, Kreise und Quadrate sehen überall toll aus. Auch sehr große Blumen- und Blattmotive findet man immer häufiger, die nicht nur in ein Schlafzimmer passen, sondern auch zu einem Wohn- oder Esszimmer, wenn man sie maßvoll einsetzt. Das Erfolgsgeheimnis ausgewogener Räume ist es, stark betonte Bereiche mit eleganter Finesse in anderen Bereichen abzuschwächen. Verwenden Sie die frechsten Designs nur an einer Wand oder in einer Nische und nehmen Sie passende schlichte Farben für die anderen Wände. Eine Nische muss natürlich groß genug für das Motiv sein. Die Musterfolge sollte bei großen Wänden immer in der Mitte beginnen, z. B. über dem Kaminsims.

Tapeten
mit Bildmotiven

Trompe-l'œil-Beispiele

Schon immer waren Bilder und Szenen des tägli-
chen Lebens, der Geschichte und auch aus Kinderfil-
men und -büchern auf den Wänden in unseren
Heimen vertreten. Von mittelalterlichen Wandteppichen und Toile aus dem 18. Jahrhundert mit ländlichen Szenen bis hin zu Motiven für Kinder, wie
Barbie-Puppen und Teddybären, versetzt eine Tapete
mit einem Bildmotiv Ihren Raum in eine ganz bestimmte Stimmung. Seien Sie ein bisschen vorsichtig
beim Einsatz der Bildmotive, sie können einen Raum
schnell vollkommen dominieren.

VERWENDUNG

*Ein klassisches Motiv passt
am besten zu einem größeren
Innenraum, der auch die
passende Einrichtung dafür
hat.*

Wie bei jeder groß gemusterten Tapete müssen Sie
auf die Größe des Raums achten und auf die Wirkung des Musters. Bade- und Kinderzimmer z. B.
sind die idealen Orte für flächige Szenen auf den
Wänden, aber Zimmer, in denen
Sie viel Zeit verbringen, sollten
etwas vorsichtiger behandelt werden. Man sieht sich an den Motiven schnell satt.

Führen Sie Bildertapeten zuerst nur in ausgewählten Bereichen ein – vielleicht nur an einer
Wand oder in einigen Nischen.
Oder überlegen Sie, wie Sie einen

Bereich schaffen können, in dem Sie die Tapete zur Schau stellen können, ohne dass sie das Zimmer dominiert. Entwerfen Sie einen „Bilderrahmen" aus Holz oder einer Tapetenbordüre und passen Sie ein Stück der Tapete darin ein, oder schneiden Sie Elemente aus der Tapete aus und verzieren damit eine Schranktür, die Sie dann transparent lackieren.

Wenn Sie eine Bildertapete verwenden, sollten Sie das Thema auch im Raum fortsetzen, damit die beklebte Oberfläche nicht überbetont aussieht. Wiederholen Sie das Thema in kleinem Stil auf den Polstermöbeln oder bei den Accessoires, übertreiben Sie es aber nicht – die Grenzen sind leider fließend.

91

Kombinieren

Hier wurden die Paneelleiste und die Wand darunter in verschiedenen Farben gestrichen, die allerdings beide im Tapetenmuster vorkommen.

Eine Tapete mit strengen sattgrünen Streifen ist wie gemacht für dieses alte Stadthaus und passt gut zu den dunklen Holzmöbeln und den anderen Details.

Wie Farbe sind Tapeten sehr vielseitig und passen gut zu fast jedem Material – solange die gewählte Tapete in Farbe und Stil ihre Umgebung ergänzt. Bevor Sie eine Tapete aussuchen, denken Sie über die Stimmung oder die Stilrichtung nach, die die Tapetenfarbe und das Muster vermitteln sollen. Wenn das Muster gleichmäßig und streng ist, passt es nicht so sehr zu rustikalen, einfachen Materialen wie Stein, unglasierten Fliesen und Rohputz, es sei denn, Sie sind ein wirklich begabter Innenarchitekt. Kombinieren Sie ein solches Muster lieber mit einem Anstrich in einem ähnlichen Farbton – eventuell einer Farbe aus dem Muster – und anderen klassischen Stoffen wie Keramikfliesen und poliertem Holz.

Bestimmte Muster erinnern an einen besonderen Stil, an ein bestimmtes Land oder eine Epoche, und somit verpflichten Sie sich, bei der weiteren Einrichtung diesem Stil zu folgen. Natürlich kann man diese Regeln brechen, aber sie stellen auch eine nützliche Hilfe für den weniger Erfahrenen bei der Gestaltung eines harmonischen Innenraums dar. Hier ein kleiner Leitfaden:

■ **BLUMEN UND KAROS** In Pastellfarben oder eher traditionellen Tönen eignen sie sich für den Landhauslook. Kombinieren Sie sie für einen rustikalen Look mit Kiefernholz oder auch

Geometrische, ausdrucks-starke Motive können mit modernen Verkleidungen kombiniert werden.

Tapetenmuster

mit dunklerem Holz, Pastellfarben, Terrakotta und Schiefer. Blüten in ausdrucksstarken Farben passen gut zu ebenso ausdrucksstarken Anstrichen, Fliesen, Buchen- oder Eichenholz und auch zu Glas.

■ **STREIFEN** und andere geometrische Muster. Breite Streifen wirken eher förmlich und eignen sich gut für alte Gebäude mit vorzugsweise hohen Decken. Dunkle Grün-, Gold- und Bordeauxtöne erinnern stark an das letzte Jahrhundert. Dazu passen ähnliche Farbtöne, Mahagoni-Holz und Fliesen. Schmalere Streifen passen auch zum Landhausstil.

■ **MOTIVE** Es gibt traditionelle Motive, zum Beispiel Lilien, und viele moderne, wie abstrakte Wirbel. Wählen Sie Ihre weitere Inneneinrichtung dazu passend. Glas, gebleichtes Holz und Metall eignen sich für ein modernes Motiv. Ein traditionelles Motiv kombinieren Sie mit dunklen Holzpaneelen, Antiquitäten und Samtkissen mit Goldborten. Anregungen hierzu finden Sie in Geschichtsbüchern.

Pinsel

Tapetenmuster

TAPETEN IM ANTIK-LOOK

In einigen Häusern sieht eine Wand mit einer makellosen, neuen Tapete einfach nicht gut aus. Besonders in alten Gebäuden wirken funkelnagelneue Tapeten oftmals etwas zu hell und zu perfekt. Ein Wandbelag, der scheinbar bereits eine Generation überlebt hat, hat mehr Charakter und wirkt reifer. Deshalb streichen viele Dekorateure eine neue Tapete mit einer bunten Lasur. Dieser Anstrich eignet sich eher für normale Tapete als für Vinyltapete, da die Lasur besser auf der Oberfläche haftet.

SIE BRAUCHEN:

- *Öllasur*
- *Tuben mit Künstlerölfarbe in Umber und Schwarz*
- *Großer Plastikbehälter mit Deckel*
- *Holzlöffel oder -stab zum Verrühren*
- *2 mittlere weiche Pinsel*

ANWENDUNG

- Kleben Sie die gewählte Tapete an die Wände.
- Mischen Sie im Plastikbehälter aus der Öllasur, Wasser und den Ölfarben eine bunte Lasur. Folgen Sie den Anleitungen. Meist wird ein Teil Lasur auf vier Teile Wasser empfohlen – vier Liter Lasur reichen um 40 m² Tapete „alt" wirken zu lassen. Mischen Sie die Ölfarben – ein reichlicher Teil Umber mit ganz wenig Schwarz – zur Verdünnung mit etwas Öllasur und geben sie dann tröpfchenweise in die verdünnte Lasur. Wenn Sie meinen,

Sie hätten zu viel Farbe hinzugefügt und die Lasur wäre zu dunkel, geben Sie einfach mehr verdünnte Lasur hinzu, bis sie wieder heller wird. Der Endton sollte ein paar Töne dunkler sein als die Grundfarbe der Tapete.

- Tragen Sie die bunte Lasur mit einem weichen Pinsel in kleinen Abschnitten so auf, dass die Tapete mit einer dünnen Lage bedeckt wird, und wischen Sie diese dann mit einem trockenen Pinsel wieder weg. Arbeiten Sie vorsichtig – Sie sollten weder die Tapete durchtränken noch das Muster mit zu groben Pinselstrichen abbürsten. Je länger die Lasur trocknet, umso schwieriger wird es, den Antik-Look zu erreichen. Arbeiten Sie also schnell und abschnittsweise.

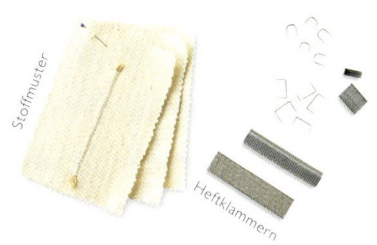

Stoffmuster

Heftklammern

WANDVERKLEIDUNG AUS STOFF

Bedecken Sie den unteren Teil einer Wand zwischen Scheuer- und Paneelleiste mit Stoff. Dies ist ein Vorhaben für Fortgeschrittene und am besten mit einem freundlichen Helfer zu schaffen.

SIE BRAUCHEN

Siehe erster Schritt für alle Mengen
- *Dünne Holzleisten vom Maß 2,5 cm x 1,25 cm*
- *Fester Stoff wie Fries oder Leinen*
- *Scheuerleiste*
- *Paneelleiste*
- *2,5-cm-Nägel*
- *Hammer*
- *Tacker und Heftklammern*

ANWENDUNG

■ Messen Sie den Umfang des Raums aus und ziehen Sie Türen und andere Unterbrechungen der Wand ab. Sie brauchen: genug Holzleisten für den doppelten Umfang des Raumes – oben und unten für den Stoff – und pro Meter eine senkrechte Stützleiste. Der Stoff muss mindestens 1,25 m breit sein und die Wand bis zur Paneelleiste bedecken, aber genug Saum haben, um ihn an die Leisten zu tackern. Kaufen Sie eine Bahn in der Länge des Raumumfangs plus einen zusätzlichen Meter für den Ecksaum. Kaufen Sie die Paneel- und Scheuerleiste im Raumumfang minus den Unterbrechungen.

■ Nageln Sie die horizontalen Leisten so an die Wand, dass sie auf gleicher Höhe mit der Scheuerleiste abschließen. Bringen Sie 90 cm über dem Boden rund um die Wand eine zweite Leistenreihe an. Befestigen Sie dazwischen im Abstand von etwa 90 cm senkrechte Leisten.

■ Schneiden Sie den Stoff in wandlange Bahnen mit zusätzlichen 5 cm an beiden Enden für die Ecken. Beginnen Sie mit der kürzesten Wand. Lassen Sie einen Freund den Stoff an die Wand halten und arbeiten Sie von der Mitte nach außen. Tackern Sie den Stoff an die horizontalen Leisten und halten Sie ihn oben und unten gerade. Platzieren Sie die Heftklammern in 5-cm-Abständen entlang der Mitte jeder Leiste. Die vertikalen Leisten halten den Stoff von der Wand weg und lassen ihn nicht durchhängen. Falten Sie den Stoff an jeder Ecke sauber und tackern ihn an.

■ Wenn Sie den Stoff angetackert haben, nageln Sie Paneel- und Scheuerleiste an ihre Plätze. Richten Sie sie an den Leistenrändern aus, um Lücken zu vermeiden, und nageln Sie durch die Leisten durch. Streichen Sie sie passend zum Stoff.

TAPETE	ANWENDUNG
MAKULATUR-TAPETE Eine Untertapete für Tapete oder Farbe	Bei unebenen Wänden begradigt Makulaturtapete die Oberfläche – besonders wichtig bei hochwertigen Tapeten. Makulaturtapete wird entgegengesetzt zum (meist vertikalen) Bahnverlauf der Decktapete geklebt.
MASCHINEN-DRUCKTAPETE Die häufigste Tapetensorte	Diese Tapetensorte bietet bei weitem die größte Auswahl an Mustern und Farben. Sie ist oftmals wasserbeständig, hält also leichte Reinigung aus, wird aber oft nicht für stark strapazierte Bereiche wie Kinderzimmer und Küchen empfohlen, da sie relativ schnell abnutzt.
VINYLTAPETE Tapete mit einer Kunststoffbeschichtung	Die Kunststoffschicht auf dieser Tapete ist kaum zu sehen; sie glänzt nur stärker als normale Tapete. Durch den Kunststoff ist sie robust und waschbeständig und deswegen sehr gut für Flure, Kinderzimmer, Bäder und Küchen geeignet. Sie weist Feuchtigkeit sehr gut ab.
ABWASCHBARE TAPETE Tapete mit einem dünnen Plastikfilm	Durch die dünnere Schutzschicht ist sie nicht so widerstandsfähig wie Vinyltapete, kann aber immer noch mit einem feuchten Lappen abgewischt werden. Verwenden Sie sie in Räumen mit mäßiger Nutzung wie Schlaf- und Esszimmer.
BORDÜRE Ein Dekorstreifen (entweder selbst klebend oder mit Kleister zu verwenden)	Eine schnelle und einfache Möglichkeit, ein Muster hinzuzufügen und in einem Kinder- oder Badezimmer ein Thema zu schaffen. Sie zieht die Aufmerksamkeit auf die Proportionen des Raums, wird sie also z. B. auf dem Übergang zwischen Wand und Decke oder auf Bildhöhe platziert, lässt sie die Zimmerdecke niedriger wirken und den Raum somit kleiner erscheinen.

TAPETE	ANWENDUNG
STRUKTUR- UND PRÄGE- TAPETE Schwere Tapete mit Reliefmustern	Ideal für unebene und brüchige Wände. Bietet Wänden in Bereichen mit starkem Durch- gangsverkehr wie Fluren zusätzlichen Schutz. Diese Tapete wird gern unter einer Paneelleiste angebracht und z. B. mit Eierschalenfarbe ge- strichen und über der Leiste mit einer zweiten Tapete oder einem Anstrich abgerundet.
STOFFTAPETEN Stoffe mit einer Papierschicht	Eine Luxustapete, die nur für wenig frequentier- te Bereiche wie Gäste- oder Esszimmer geeig- net ist. Sie wirkt eher traditionell. Sie brauchen eventuell Spezialkleister für diese Tapete und müssen darauf achten, dass kein Kleister auf den Stoff gelangt.
RAUFASER- TAPETE Struktur durch kleine Holzstücke	Eine preiswerte Tapete, die Mängel in den Wän- den verbirgt und überstrichen werden kann. Man kann sie in jedem Bereich verwenden, der keiner Feuchtigkeit ausgesetzt ist. Wenn sie erst einmal an der Wand ist, ist sie schwierig zu ent- fernen.

Comeback der Tapete

Die Tapete erlebt ein großes Comeback. Viele Jahre lang lag sie nur auf Platz zwei hinter den gestrichenen Wänden, aber jetzt ist sie wieder in Mode gekommen. Mit Tapete können Sie Szenen und Themen in Ihrem Lebensbereich bestimmen, und durch die vielen erhältlichen Muster und Strukturen haben Sie eine große Auswahl zur Verfügung.

Fliesen

AUF WÄNDEN, auf Fußböden und sogar auf Tisch-
platten sind Fliesen dekorativ, vielseitig und praktisch. Ob als Verkleidung einer ganzen Oberfläche
oder als isolierender Belag – mit Fliesen haben Sie
nahezu endlose Möglichkeiten, Farben, Muster und
Strukturen miteinander zu kombinieren.

Grundlagen

FLIESENARTEN

Es gibt Fliesen für jede Oberfläche und für jeden Zweck, die in diesem Kapitel näher behandelt werden, aber grundsätzlich kann man Fliesen in vier Kategorien unterteilen:

■ **BODENFLIESEN** Diese können entweder aus Keramik oder aus Naturmaterialien wie Stein oder Schiefer bestehen. Fliesen aus Naturmaterialien sind meistens quadratisch oder rechteckig, während Keramikfliesen in größerer Vielfalt erhältlich sind.

■ **WANDFLIESEN** Wandfliesen sind für gewöhnlich aus Keramik. Es gibt viele verschiedene Formen; Quadrate und Rechtecke sind die üblichsten.

■ **RELIEF-, RIEMCHEN- UND ECKFLIESEN** Oft mit erhöhten Mustern oder runden Formen sind sie perfekt für Abschlussborten und Muster.

■ **MOSAIKFLIESEN** Diese meist kleinen Fliesen werden in vielen Farben verwendet, um ein Muster oder sogar ein Bild zu legen.

ANORDNUNG

Standardmäßig werden Fliesen in Blöcken angeordnet, wobei jede Fliese in beiden Richtungen an der nächsten ausgerichtet wird. Das ist eine gute Legetechnik für einfache, moderne Designs oder für mehrere Farben. Probieren Sie aus, wie sich die Wirkung ändert, wenn Sie

Wandfliese

Natursteinfliese

Mosaikfliesen

Traditionelle Steinzeugfliesen ergeben exzellente Flurböden, vor allem in etwas älteren Gebäuden.

die Fliesen anders anordnen – natürlich vor dem Verfugen. Experimentieren Sie mit Diamantenformen und Rauten oder mit verschiedenen Kombinationen von Rechtecken und Quadraten. Sie müssen jedoch immer sorgfältig planen, um sicher zu stellen, dass die Fliesen in den ausgewählten Bereich passen. Am besten legen Sie erst alle Fliesen aus, bevor Sie sie ankleben.

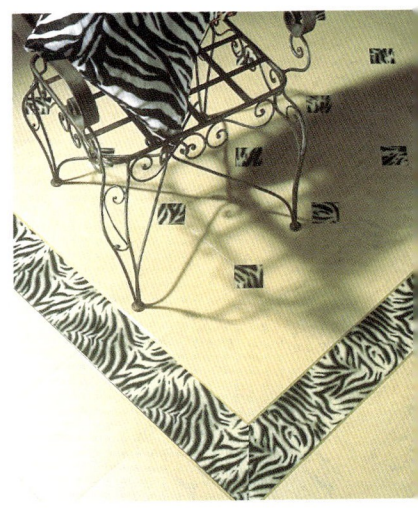

Seien Sie mutig! Dekorative Einsätze können einen gefliesten Fußboden zu einem Blickfang machen.

VORBEREITUNG

Es ist wichtig, dass die zu fliesende Fläche glatt, intakt und trocken ist. Jede Unebenheit wird durch die Fliesen nur noch mehr betont, und der Kleber haftet nicht richtig, wenn die Oberfläche schadhaft ist.

Fliesen Sie nie auf Tapete, da dadurch die Fliesen nur mit Tapetenkleister an der Wand gehalten werden. Gleichermaßen muss ein Anstrich mit Sandpapier abgerieben werden, damit der Kleber in die Wand einziehen kann.

Ist die Fläche bereits gefliest und in gutem Zustand, können Sie darüber fliesen – passen Sie aber im Bad oder in der Küche auf, dass die zusätzlichen Fliesen Sie nicht beim Bedienen der Wasserhähne stören. Schleifen Sie die vorhandenen Fliesen mit Karborund ab, damit der Kleber haften kann.

PFLEGE

Harte Fliesen können Sie einfach mit warmem Wasser und einem milden Reinigungsmittel pflegen. Poröse Fliesen wie Terrakotta, Steingut und Steinzeug müssen versiegelt werden, um sie vor Flecken zu bewahren. Wischen Sie alle Spritzer möglichst schnell weg und nehmen Sie für hartnäckige Flecken Terpentinersatz. Die Fugen sind etwas schwieriger zu pflegen. Sie können aber mit Fugenbleiche aus dem Heimwerkermarkt behandelt werden.

Naturstein-
fliesen

Steinfliesen

Stein und Terrakotta sind für neutrale, natürliche Böden perfekt geeignet. Die Natur bietet eine große Auswahl an Farben, Mustern und Strukturen. Zwei Fliesen sehen nie vollkommen gleich aus, und so wirkt der Bodenbelag zeitlos. Fliesen sind der einfachste und kostengünstigste Weg, einen Steinboden zu legen, da sie leichter und dünner als richtige Steinplatten sind. Fliesen können maschinell oder handgearbeitet, glasiert oder unglasiert, einfach oder mit Einlage sein. Sie werden aber bei Nässe glatt, dämpfen keine Geräusche und fühlen sich kalt an – und alles, was auf den Boden fällt, zerbricht.

Im Prinzip hängt die Wahl der Fliesen von Ihrem Budget ab und von der gewünschten Farbe und

Schlichte Terrakottaplatten sind sehr praktisch in langen Fluren und in Küchen.

Struktur. Folgende Sorten sind beliebt:

■ **TERRAKOTTA** Die Fliesen aus gebranntem Ton gibt es von Ziegelrot bis Feuersteingrau und in verschiedenen Formen und Größen. Maschinell hergestellte Fliesen sehen ebenmäßiger aus als handgearbeitete. Sie speichern Wärme, sind also wärmer als andere Fliesen. Terrakotta ist porös und muss versiegelt werden.

■ **GRANIT** Dieser Stein ist außergewöhnlich strapazierfähig und wasserdicht. Die Farben von Granit reichen von fast Schwarz bis zu gesprenkeltem Weiß. Granit kann ziemlich glatt sein, besonders wenn er poliert ist.

■ **KALKSTEIN** Kühl, elegant und weicher als Granit. Kalkstein ist porös (kann aber bei Flecken behandelt werden) und hat helle Töne von Beige bis Grau mit gesprenkelter Oberfläche.

■ **SANDSTEIN** Ein warmer, rötlicher, poröser Stein, der leicht fleckig wird, aber kostengünstiger als Kalkstein ist. Yorkstein, eine Sandsteinform, ist strapazierfähiger und rutschfest.

■ **MARMOR** Elegant, luxuriös und kühl, aber sehr teuer. Imitationen reichen nicht an echten Marmor heran, insbesondere nicht an den falschen Stellen.

Selbst in den modernsten Räumen kann man Praktisches mit Stilvollem verbinden, wenn es um den Fußboden geht.

■ **SCHIEFER** Die Farben reichen von Dunkelgrün und -blau bis zu Lila und Schwarz. Schiefer ist kostengünstiger als Granit oder Marmor, wasserfest, strapazierfähig und pflegeleicht, aber auf dunklen Fliesen sieht man jeden Kratzer.

Die natürliche Schönheit von Stein verleiht jedem Raum Muster, Farbe und Details.

■ **STEINGUTFLIESEN** Diese massenproduzierten Fliesen sind eine kältere Alternative zu Terrakotta. Es gibt sie in vielen Formen und Größen, Quadrate sind aber die Norm. In Anlehnung an alte Küchen und Flure sind die Fliesen auch in Gelbbraun, Braun und Rot erhältlich. Sie sind strapazierfähig und rutschfest, werden aber mit der Zeit schmutzig.

Keramik-bodenfliesen

Keramikbodenfliesen

Bei dem Lorbeerblattmuster der Gardine und der eleganten römischen Büste sind klassische schwarze und weiße Fliesen die perfekte Wahl für dieses Badezimmer.

Ein Raum erhält durch einen gefliesten Boden mehr Charakter. Der Bodenbelag hat ebenso viel Einfluss auf die Atmosphäre wie die Farbe oder das Material der Wände, entscheiden Sie also sorgsam.

Da Keramikfliesen sehr saubere Kanten haben, passen sie ideal zu einer modernen Einrichtung. Es gibt sie in einer fantastischen Farbauswahl – von erdfarbenen und zarten Tönen zu frechen und hellen – und einer Vielzahl an Formen, Mustern und Strukturen. Für ein älteres Haus sind Steinzeugfliesen – erhältlich vielen traditionellen Mustern und Farben – eine hervorragende Wahl für Flur oder Küche. Aber ganz gleich, ob Sie eine eher traditionelle oder eine moderne Inneineinrichtung bevorzugen: Nur wenige Dinge haben eine so starke Wirkung wie ein strahlend weißer Keramikboden oder ein klassisch schwarz-weißes Schachbrettmuster als Fußboden. Auf weißen Fliesen sieht man Schmutz eher als auf anderen Farben, man muss sie demzufolge ständig reinigen.

Keramikfliesen halten Wasser ab und weisen Schmutz ab, wodurch sie sich besonders gut für Bad- und Küchenböden eignen sowie für viel genutzte Bereiche. Der Nachteil ist,

dass sie kalt unter den Füßen sind und bei Nässe rutschig werden. Das Fläschchen Ihres Lieblingsparfüms zerspringt außerdem in tausend Stücke, wenn es herunterfällt. Wenn Sie einen schweren Gegenstand fallen lassen, können die Fliesen sogar zerspringen.

Wenn Sie Keramikfliesen verwenden, beachten Sie auch die Kanten des Zimmers. Mit Randfliesen können Sie einen hübschen Abschluss legen, und in einer modernen Großraumwohnung können Sie damit verschiedene Wohnbereiche optisch voneinander abtrennen. In jedem Heim mit unregelmäßigen Formen wie Kaminsimsen und Nischen, um die man sich beim Fliesenlegen herumarbeiten muss, kann man durch eine Borte aus Randfliesen wieder Ordnung schaffen.

Keramikeckfliesen

Keramik-
wandfliesen

Für die Herstellung von Keramikwandfliesen wird
fein gemahlener Ton in Gussformen gepresst und
bei hoher Hitze gebrannt. Die Fliesen können dann
maschinell glasiert, geprägt, mit einem Reliefdesign
versehen oder ganz individuell bemalt werden.

Als Wandbekleidung müssen Sie Fliesen nicht
nur aus rein praktischen Überlegungen in Nutzräumen verwenden. Sie sind auch sehr dekorativ (einige handgearbeitete Designs sind richtige kleine
Kunstwerke). Legen Sie einen Rahmen aus Fliesen
um ein Fenster oder um eine Nische oder kleben
Sie einige besonders schöne Fliesen wie eine Reihe
kleiner Bilder an die Wand. So können wenige kost-
spielige Fliesen in Ihren Wohnstil einfließen, obwohl
eine ganze Fliesenwand weit außerhalb Ihres Bud-
gets liegen würde.

Keramikwandfliesen

Als Alternative können Sie möglichst gleichgroße
Fliesen der teureren Art mit kostengünstigen Stü-
cken mischen und harmonisch aufein-
ander abstimmen.

Um die rustikale Natur handgear-
beiteter Keramikfliesen zu betonen,
verlegen Sie sie weit auseinander mit
bis zu 5 mm Zwischenraum. Für einen
eleganten modernen Look verlegen
Sie die Fliesen mit Hilfe von Fliesenle-
gerkeilen enger.

*Leuchtend bunte Wandfliesen
bringen auf schöne Weise ein
Muster und etwas Farbe in
einen sonst eher praktisch
eingerichteten Raum.*

Randfliesen sind an der Wand ebenso wichtig wie bei Fußböden. Eine Fliesenfläche sieht besser aus, wenn sie mit einer dekorativen Fliesenkante abgeschlossen wird. Randfliesen sind meistens rechteckig, und es gibt sie in vielen Ausführungen wie als Riemchen und Sockelleisten. Ein Riemchen ist ein Muss, wenn Sie nur die halbe Wand bis auf Paneelhöhe verfliesen, es sei denn, Sie verwenden stattdessen Holz.

kontrastierende Fliesen

Wo Wandfliesen auf ein Waschbecken oder andere Inventarstücke stoßen, verwenden Sie passend gewölbte Fliesenstücke und dichten diese mit elastischem Dichtungsmaterial wie Silikon ab.

Diagonal verlegte Fliesen hinter dem Waschbecken werten das Badezimmer auf und sind eine nette Abwechslung zu den üblichen geraden Fliesenreihen.

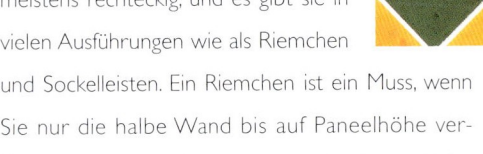

Muster- und Relieffliesen

Fliese mit Relief

Die Bereicherung eines gefliesten Bereich mit einem Muster definiert den Stil und das Thema im Raum, ähnlich wie Tapetenmuster das tun. Blumenmuster bewirken einen entspannten Landhausstil, geometrische Formen wirken förmlicher, frei fließende Linien passen zum Jugendstil, und Muster mit Kreisen und Punkten wirken modern.

Einige Muster sind geradezu untrennbar mit einer bestimmten Epoche oder einer Region verbunden. Blaue und weiße stilisierte Blumen erinnern an französische, italienische oder spanische Häuser mit kühlen Fluren und sonnendurchfluteten Räumen, während sich eher düstere Steinzeugfliesen mit Wappenbildern oder geometrischen Motiven an das 19. Jahrhundert anlehnen (obwohl sie historisch gesehen bis vor das Mittelalter zurückreichen und auch in vielen alten Kirchen vorkommen).

Unabhängig von der Wahl Ihres Musters sollten Sie an die Ausmaße des zu fliesenden Bereichs denken, bevor Sie die Fliesen bestellen. Gemusterte Fliesen wirken am besten als unregelmäßige Einlagen oder als Verzierung in einem Block mit einfach gefärbten Fliesen. Im Allgemeinen gilt: Je

Das historische Muster der Fliesen gibt den Ausschlag für die restliche Dekoration.

Die Motive der Fliesen bestimmen das Thema für den ganzen Raum.

unruhiger ein Muster ist, desto kleiner sollte der damit gefliese Bereich sein. Viele Fliesenmärkte helfen Ihnen gerne bei der Planung, oder Sie schlagen auf den Seiten 118–119 nach.

Ganze Bildpaneele aus Fliesen können besonders ausdrucksstark sein. Sie wirken vor allem in kleinen Nischen und schmalen Räumen oder beim Einsatz in stark abgegrenzten Bereichen wie über einem Kochfeld in der Küche. Sie sollten das Motiv unbedingt sorgfältig auswählen, denn es soll Sie ja eine lange Zeit begleiten.

Wenn Sie sich nicht an Muster heranwagen, stellen einfarbige Relieffliesen einen Kompromiss dar. Sie haben zwar ein hervorgehobenes Muster, aber keine zweite Farbe und bewirken eine weniger auffällige Abwechslung in Muster und Struktur.

Mosaik

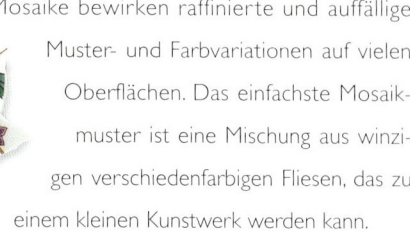

Mosaike bewirken raffinierte und auffällige Muster- und Farbvariationen auf vielen Oberflächen. Das einfachste Mosaikmuster ist eine Mischung aus winzigen verschiedenfarbigen Fliesen, das zu einem kleinen Kunstwerk werden kann.

Im Allgemeinen ist der Einsatz von Mosaikfliesen auf kleine Bereiche beschränkt, zum Teil wegen des hohen Zeitaufwands, aber auch weil sie so am eindrucksvollsten aussehen – vielleicht als Spritzschutz oder Scheuerleiste. Das Gute an den kleinen Mosaikfliesen ist, dass sie auch auf Rundungen und Wölbungen verwendet werden können und sich besser unregelmäßigen Formen anpassen als die großen herkömmlichen Fliesen.

Stücke zerbrochenen Geschirrs oder Fliesenscherben sind eine ideale Ausgangsbasis für Ihr eigenes Mosaik.

Mosaikfliesen sind normalerweise kleine, quadratische Fliesen aus Marmor, Stein, Terrakotta oder unglasierter Keramik – oder eine Mischung aus diesen. Quadrate sind am alltäglichsten, aber Sie finden auch rechteckige, sechseckige und runde Mosaikfliesen. Wie andere harte Bodenfliesen auch, sind Mosaikfliesen kalt unter den Füßen, aber da es bei einem Mosaik mehr Fugen gibt, sind sie nicht so glatt.

Das Gewicht eines fertigen Mosaiks ist so hoch, dass Sie es am besten auf einem Betonboden verlegen.

Wenn Sie ein Mosaik auf Holzdielen verlegen möchten, unterlegen Sie eine Schicht Sperrholz.

Zum besseren Auslegen bieten einige Hersteller Fliesenbögen an. Die Fliesen kleben entweder auf einem Netzgeflecht, das an der Wand befestigt wird, oder auf einem Papierbogen, der nach dem Verlegen mit Wasser durchweicht und abgezogen wird.

ANDERE MOSAIKOBERFLÄCHEN

Beschränken Sie sich nicht auf die traditionelle Anwendung von Mosaiken. Warum nicht ein Mosaik auf der Arbeitsfläche um die Spüle, auf einen Kaffeetisch oder einen Hocker legen? Oder Sie zerschlagen alte Keramikkrüge (Tipps hierzu siehe Vorhaben auf S. 120–121) und legen damit ein Mosaik.

industriell gefertigte Mosaikfliesen

Formen, Farben und Muster

leuchtend bunte Fliesen

Eine kleine, auffällige Fliese, die in Abständen eingefügt wird, unterbricht die Fläche der Bodenfliesen und macht sie interessanter.

Wenn Sie eine schön gefliese Wand oder einen Fußboden mit einer fantasievollen Auswahl an bunten und gemusterten Fliesen möchten, müssen Sie vorausschauend planen. Zuerst sollten Sie sich für das grundsätzliche Design entscheiden. Hier sind Zeitschriften über Inneneinrichtungen, Kataloge und sogar Geschichtsbücher eine unschätzbare Hilfe, damit Sie ansprechende Muster für Ihr Vorhaben finden.

Wenn Sie eine Kombination finden, die Ihnen gefällt, analysieren Sie sie. Was spricht Sie an? Ist es die Anordnung der Fliesen? Ist es das Motiv oder eher das Muster? Sie finden vielleicht eine ähnliche Fliese bei Ihrem Händler, fragen Sie also nach.

Es ist wahrlich keine Schande, sich von anderer Leute Arbeit inspirieren zu lassen. Achten Sie nur darauf, dass Ihre Idee zu den restlichen Farben im Raum passt. Verwenden Sie dort bereits gemusterten Stoff, suchen Sie ähnliche Farbtöne für die Fliesen. Ein neutraler Stein- oder Schieferboden passt zu den meisten Farben, andere Fliesen sollen eher die Wand- oder Stofffarben ergänzen.

Als Nächstes suchen Sie nach passenden Fliesen und entwerfen Ihr

Ein Klassiker und das nicht ohne Grund. Ein schwarz-weiß gefliester Boden springt immer ins Auge. Wählen Sie eine Fliesengröße, die zu den Raummaßen passt, um die größte Wirkung zu erzielen.

eigenes Muster. Messen Sie den zu verfliesenden Bereich und die Fliesenmuster aus. Zeichnen Sie dann einen maßstabsgetreuen Fliesenplan und experimentieren Sie, bis Ihnen der Plan gefällt. Malen Sie die Fliesen auf dem Papier ruhig bunt an. Wenn Sie kleine Musterblöcke mit Fliesengruppen möchten, schneiden Sie originale oder maßstabsgerechte Fliesen aus Papier und malen die Farbe oder das Muster der Fliesen darauf, um verschiedene Anordnungen auszuprobieren. Bestellen Sie wegen des Bruchs beim Zuschneiden mehr Fliesen als nötig (etwa 5% mehr) und experimentieren Sie mit den richtigen Fliesen weiter.

Man kann einfach nur die Fliesenmuster mischen, aber auch verschiedene Materiale. Dieses Bodenmuster kombiniert Holzstreifen mit Metallplatten.

Naturstein

Kombinieren

Sie haben sich also in eine bestimmte Fliesensorte verliebt – es folgen einige Tipps, wie Sie die Einrichtung des Zimmers dazu passend gestalten können.

■ **NATURSTEIN** Der Traum eines jeden Innenarchitekten, leider auch entsprechend kostspielig. Naturmaterialien wie Stein passen zu fast allem. Kombinieren Sie Naturstein mit einem kühlen modernen Innendesign – hellem Holz, Glas, Metall und gedämpften Farben – oder für mehr Abwechslung mit dunklem Holz, teuren Stoffen, Zinn und Wandteppichen.

■ **TERRAKOTTAFLIESEN** Für einen rustikalen oder mediterranen Look. Dazu passen getünchte Wände, schlichte Holz- oder Metallmöbel, wenig oder sehr einfache Stoffe und ein paar Tonkrüge.

■ **STEINZEUGFLIESEN MIT EINLAGE** für ein Design wie aus dem 19. Jahrhundert. Sie können Steinzeugfliesen auch zurückhaltender anwenden. Fliesen Sie einen Flur bis zur Paneelhöhe mit keramischen Wandfliesen und erst darüber mit Steinzeugfliesen in einer zarteren Farbe. Dunkles Holz ergänzt die Erdfarben der Fliesen, und eine Eingangstür mit Buntglas rundet das Ganze ab.

■ **REINWEISSE BODENFLIESEN** Diese sehen in fast jeder Umgebung erstaunlich gut aus. Verwenden Sie für ein modernes Wohnzimmer einfache Stoffe, schöne Möbelstücke, Metall und Naturholz. Fügen Sie

Paneelfliese

Paneelfliesen grenzen eine Fliesenfläche optisch gut gegen eine darüberliegende Tapete ab. Fliesenpaneele sind sowohl praktisch als auch schön für Flur, Bad oder Küche.

in einem Flur etwas Schwarzes hinzu, vielleicht eine schwarz-weiße Kante mit Schnörkeln oder einem geometrischem Muster, und halten Sie den Stil mit großen Spiegeln und einem Hauch Marmor elegant.

■ **BUNTE KERAMIKWANDFLIESEN** Ein Spritzschutz in Bad oder Küche mit schmuckfarbenen Fliesen belebt und ergänzt das Design und vereint die verschiedenen Farben im Raum zu einem fröhlichen Muster. Dazu passen ein blanker Holzfußboden und gestrichene Wände und Holzteile.

■ **MOSAIKFLIESEN** Als historischen Boden- und Wandschmuck gibt es Mosaiken seit jeher. Heute verwendet man sie auch mit Chrom, Buntglas und hellem Holz. Sie sind eher ein schmückendes Detail als der Mittelpunkt in einem Zimmer.

Steinfliesen müssen nicht auf Rustikales beschränkt werden. In diesem Raum, der schnittig und modern und nur wenig ländlich ist, passen warmes Holz und Boden zusammen.

Fliesen eignen sich gut für eine schöne Tischplatte.

EINE GEMUSTERTE FLIESENBORTE

Ergänzen Sie einen einfach gefliesten Fußboden mit einer hübsch gemusterten Borte. Das ist ein recht anspruchsvolles Vorhaben – wenn Sie noch nie zuvor gefliest haben, benötigen Sie die Hilfe eines Fachmanns.

SIE BRAUCHEN:

- Fliesen für den Boden und die Borte
- Kreide
- Zwei Leisten aus Weichholz
- Fliesenschneider
- Fliesenlegerkeile
- Fliesenkleber
- Fugenmörtel
- Zahn- und Gummispachtel

ANWENDUNG

- Auch bei diesem Fliesenboden müssen Sie sich von der Mitte nach außen vorarbeiten. Ist der Raum nicht quadratisch, überbrücken Sie Breiten, die schmaler als eine Fliese sind, mit Fliesenstücken zwischen Rand und Wand. Rechnen Sie diesen Platz mit ein. Zeichnen Sie einen Plan von dem Boden.

- Wählen Sie geeignete Fliesen für die Mittelfläche und für die Borte und füllen Sie dann Ihren Bodenplan von der Mitte her im Detail aus. Berechnen Sie, wie viele Fliesen Sie brauchen und bei Bedarf die Größe der Lücke zwischen Rand und Wand. Kaufen Sie wegen des anfallenden Bruchs 5% mehr Fliesen als nötig.

- Nageln Sie zwei Holzleisten rechtwinklig zusammen. Ermitteln Sie jeweils die Wandmitte und verbinden Sie die sich gegenüberliegenden Punkte mit einer Kreidelinie, sodass der Raum geviertelt wird. Legen Sie die Fliesen lose von der Mitte her aus. Arbeiten Sie gleichmäßig und legen Sie immer mehrere Fliesen pro Viertel aus. Zu Beginn einer neuen Reihe legen Sie den Holzwinkel zur Prüfung an die Außenkante der letzten Reihe an. Am Rand der letzten Reihe mit ganzen Fliesen legen Sie die Borte. Rund um den Raum bleibt eine gleichmäßige Lücke übrig, in die Sie als letzte Reihe zugeschnittene Fliesen einfügen. Schneiden Sie die Fliesen zu und legen Sie sie an ihren Platz.

- Wenn alle Fliesen ausgelegt sind, kleben Sie sie von der Mitte an. Den Kleber tragen Sie mit einem Zahnspachtel auf. Legen Sie Fliesenlegerkeile dazwischen.

- Lassen Sie alles trocknen. Entfernen Sie am nächsten Tag die Keile und verfugen Sie die Fliesen mit Gummispachtel. Nach einer Stunde Trocknungszeit wischen Sie mit einem feuchten Schwamm den überflüssigen Mörtel weg.

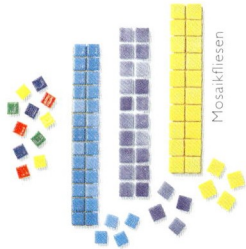

Mosaikfliesen

MOSAIKSPIEGEL

Mit Mosaikfliesenmustern auf Papierbögen, ist es einfach geworden, Mosaiken zu legen, aber es ist fast ebenso einfach und wesentlich befriedigender, eigene Mosaiken zu entwerfen.

SIE BRAUCHEN:

- *Flachrandiger Spiegelrahmen aus Kiefernholz*
- *Große Blätter Zeichenpapier*
- *Tesafilm*
- *Buntstifte*
- *Lineal*
- *Mosaikfliesen*
- *Kleine Fliesenlegerkeile aus Plastik*
- *Fliesenkleber*
- *Fliesenmörtel oder Fugenkitt*
- *Feuchter Schwamm*
- *Weicher, trockener Lappen*

ANWENDUNG

■ Wählen Sie die gewünschte Größe der Fliesen. Diese bestimmen die Breite des Spiegelrahmens. Er sollte groß genug sein, damit ein Muster hineinpasst, und eine ebene, glatte Oberfläche haben. Der Rahmen in diesem Beispiel ist vier Fliesen breit mit zusätzlich 1 cm für Keile und Kitt. Es gibt vorgefertigte Spiegelrahmen, die diese Anforderungen erfüllen. Der Rahmen muss stabil genug sein, um das Gewicht der Fliesen und das des Spiegelglases auszuhalten.

■ Basteln Sie eine genaue Kopie Ihres Rahmens aus Zeichenpapier, wobei Sie das Zeichenpapier zusammenkleben können. Messen Sie dann die Anzahl der benötigten Fliesen aus und zeichnen Sie ein Gitter aus Quadraten. Planen Sie Ihr Muster mit Buntstiften, damit Sie wissen, wie viele Fliesen von jeder Farbe Sie kaufen müssen.

■ Kaufen Sie die Fliesen und ordnen Sie sie auf dem Papierrahmen an. Streichen Sie die vordere Oberfläche des Holzrahmens mit etwa 3 mm Fliesenkleber vor und ordnen Sie mit je einer Fliese vom Papierrahmen alles dem Muster gemäß wieder an. Verwenden Sie die Keile für gleichmäßige Fugenabstände. Lassen Sie den Kleber trocknen.

■ Entfernen Sie die Keile und bedecken Sie den ganzen Mosaikrahmen mit Fliesenmörtel (weiß oder bunt). Achten Sie darauf, Ecken und Lücken zu verkitten.

■ Lassen Sie die Fugen etwa eine halbe Stunde trocknen, bevor Sie überflüssigen Mörtel mit einem feuchten Schwamm entfernen. Polieren Sie dann die Fliesen mit einem trockenen Lappen.

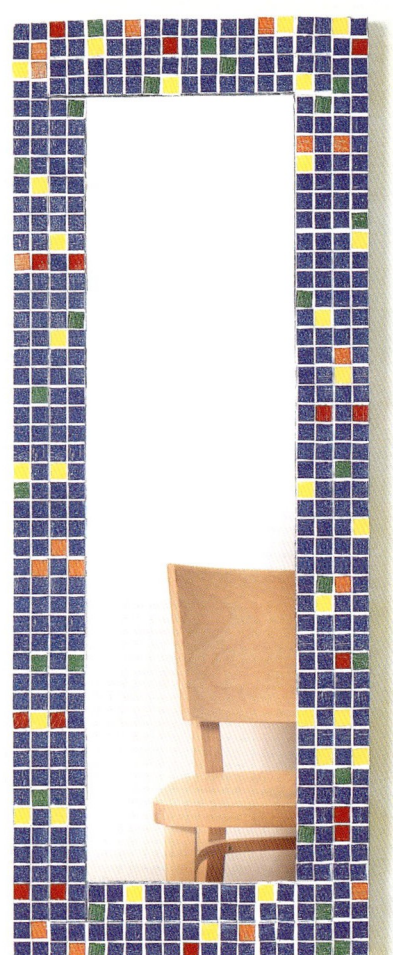

FLIESE	ANWENDUNG
KERAMIKFLIESEN Aus gebranntem Ton und in vielen Farben glasiert	Geeignet für Wände und Böden, achten Sie aber darauf, dass Sie für den Fußboden strapazierfähige Sorten auswählen. Diese Fliesen können kalt und bei Nässe glatt sein, sind aber andererseits ein praktischer und attraktiver Belag für Küchen und Badezimmer.
MOSAIK Gemusterte Flie- sen aus winzigen Stücken Buntglas, Fliesen oder Stein	Die bunten und sehr modernen Mosaikfliesen sind ein reizvoller Belag für Tischplatten, als Spritzschutz in Duschkabinen und für kleine Bodenflächen. Der einzige etwas unpraktische Aspekt ist die unvermeidlich große Fugenfläche, die sauber zu halten ist, damit sie sich nicht verfärbt oder Schmutz angesammelt wird.
TERRAKOTTA- BODENFLIESEN Aus gebrannter Erde	Erhältlich in vielen Formen und Größen, maschinell hergestellt oder handgearbeitet, in Farben von Ziegelrot bis Feuersteingrau. Terrakotta-Fliesen speichern Wärme, sind also wärmer als andere Fliesen, aber auch porös, sodass sie versiegelt werden müssen. Sie eignen sich gut als Küchenfußboden für den Landhausstil.
KALKSTEIN-BO- DENFLIESEN Helle Fliesen mit beigen bis grauen Tönen mit einer gesprenkelten Oberfläche. Port- landstein ist eine Kalksteinsorte.	Der kühle und elegante Kalkstein eignet sich sowohl für traditionelle als auch für moderne Innenräume und sieht besonders auf großen Flächen beeindruckend aus. Er ist porös und muss versiegelt werden, damit er nicht so schnell Flecken bekommt.

FLIESE	ANWENDUNG
SANDSTEIN-BODENFLIESEN Ein warmer, rötlicher Stein. Yorkstein ist eine Sandsteinsorte.	Sandstein ist strapazierfähig und hat eine rutschfeste Oberfläche. Er passt gut zum rustikalen Landhausstil. Er ist porös und wird schnell fleckig, ist aber kostengünstiger als Kalkstein.
MARMOR Teurer, geäderter Stein in Farben von Creme bis Grau	Marmor ist luxuriös, elegant und kühl und wirkt besonders eindrucksvoll als Bodenfliese in Eingangsbereichen. Auch passt er in Badezimmer mit Marmoreinrichtung. Er wird bei Nässe sehr schnell rutschig.
SCHIEFERBO-DENFLIESEN Eine dunkle Fliese in Farben von Dunkelgrün und -blau bis zu Lila und Schwarz	Schiefer ist nicht so kostspielig wie Granit oder Marmor, wasserfest, strapazierfähig und pflegeleicht, obwohl auf den dunkleren Farben Kratzer leicht zu sehen sind. Er wirkt gut sowohl in traditionellen wie auch in modernen Küchen. Die blauen und grünen Farben lassen sich besonders gut mit Glas, Chrom und rostfreiem Stahl kombinieren.
STEINGUTFLIESE Eine industriell gefertigte Alternative zu den handgearbeiteten Terrakottafliesen	Beliebte Farben sind erdfarbene Töne wie Gelbbraun und Rot, die gut zu den Farben traditionell eingerichteter Küchen passen. Steingutfliesen sind strapazierfähig, rutschfest und praktisch für Küchen, obwohl sie im Laufe der Zeit Schmutz ansammeln.

Praktisch

Sie können Sie Fliesen fantasievoll und kreativ im
ganzen Haus verwenden. Sie sind haltbar, praktisch
und sehen gut aus. Fliesen sind vielseitig einsetzbar:
Von Arbeitsplatten in der Küche, Badezimmerwän-
den bis zu dekorativen Mosaiken und gemusterten
Fußböden gibt es Fliesen für jeden Geschmack.

Holz

Holz

HOLZ ist natürlich und gemütlich, ein zeitloses Material, das zu einer minimalistischen modernen Inneneinrichtung ebenso gut passt wie zum eher traditionellen Landhausstil. Zudem wird Holz mit zunehmendem Alter immer attraktiver.

Grundlagen

Aufgrund der Vielfalt der verschiedenen Sorten ist Holz fast immer ein reizvolles Baumaterial. Auf großen Flächen wie Fußböden sieht es nicht nur schön aus, sondern dient auch als Ergänzung für andere Dekorationen und Möbel im Raum. Holz verstärkt den Charakter eines Raumes auf eine ganz eigene Art, die durch die meisten Teppiche und Fußbodenbeläge nicht erreicht werden kann.

Astknoten, Maserungen und die warmen Farben von Holz machen es zu einem einzigartigen Baumaterial. Mit zunehmendem Alter sieht es sogar noch besser aus.

Einer der Gründe für die andauernde Beliebtheit von Holz ist, dass es sich um einen nachwachsenden Rohstoff handelt. Die Natürlichkeit des Materials erlaubt müheloses Kombinationen mit anderen Belägen. Holz in seiner ganzen Vilefalt beherrscht eine Fläche zudem weniger als industriell gefertigte, künstliche Verkleidungen und ist auch auf längere Sicht angenehmer für das Auge.

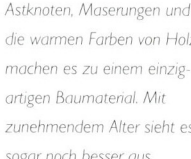

Mit Holz verkleidete Wände verleihen jedem Raum mehr Charakter und Gemütlichkeit.

Holz ist das ideale Material für Fußböden, Fensterrahmen und Türen, kann aber auch als Wand- oder Deckenverkleidung oder als Arbeitsfläche in der Küche oder im Arbeitszimmer dienen. Wenn Sie Holz für einen Innenraum in Betracht ziehen, bedenken Sie, dass Sie es nicht nur unbehandelt verwenden können. Holz nimmt Beize, Farbe und andere Dekors gut an und passt sich so der restlichen Einrichtung an.

Holz ist genauso wirkungsvoll in einem modernen Innenraum mit Glas und Chrom wie in einem traditionelleren mit Messinginventar und Schiebefenstern.

Nägel

DIE AUSWAHL

Holz wird seit jeher für den Innenausbau verwendet. Im Laufe der Zeit haben sich viele Formen oder Anwendungen für Holz entwickelt, und auch so mancher Modetrend war dabei. Es stehen nicht nur Dutzende Holzsorten zur Auswahl *(siehe S. 128–129)*, sondern man kann Holz auch in einer Vielzahl von Formen erwerben – als Bänder, Platten, Klötzer, Bretter, Mosaikfliesen und als Parkett für den Fußboden. Sie haben beim Kauf die Wahl zwischen frisch geschnittenem Holz vom Händler, oder Sie erstehen Altholz, das bereits einen sehr eigenen Charakter hat.

PFLEGE

Es sind die natürlichen Qualitäten von Holz, die es zu einer so guten Anlage machen. Während die meisten industriell hergestellten Oberflächen in Laufe der Zeit verfallen, wirkt altes Holz sogar noch stil- und reizvoller. Holz ist anfällig für Feuchtigkeitswechsel, also nicht für feuchte Bereiche wie Badezimmer zu empfehlen, es sei denn, sie sind gut gelüftet. Schützen Sie Böden vor Pfennigabsätzen und Sand und schleifen Sie die Oberfläche alle paar Jahre ab und versiegeln sie neu.

Holzsorten

Profitieren Sie von den vielen erhältlichen Holzsorten. Ob Sie nun eine helle, frische Verkleidung suchen oder eher dunkles Holz verwenden möchten, Sie werden die richtige Holzsorte finden. Das Holz Ihrer Wahl sollte aber aus einem erneuerbaren Bestand und nicht aus dem unersetzbaren Regenwald stammen. Kaufen Sie importiertes Tropenholz nur, wenn es von führenden Umweltschutzorganisationen abgesegnet wurde.

Neben der Farbe können auch die Holzstärke oder die Maserung Ihre Wahl beeinflussen. Der Teil des Baumstammes und die Art des Schnitts bestimmen die Dichte und Maserung des Holzes. Am härtesten ist z. B. die Endmaserung, gefolgt vom so genannten Quartierschnitt, wobei das Holz radial geschnitten wurde und ein regelmäßigeres Maser-

Gebleiches, gekalktes Holz erzeugt einen schlichten Look und schwächt die stärkeren Orangetöne der Kiefer ab.

Ahornholz passt gut zu Modernem und macht einen Raum mit Sichtmauerwerk, Glastischen und Chromgegenständen gemütlicher.

Buche

Teak

Ahorn

Gelbkiefer

Eiche

bild entsteht. Einfach geschnittenes Holz (besonders Weichholz) hat viele Äste und nutzt weniger gut ab, ist aber kostengünstig und pflegeleicht.

Hier folgen einige der gebräuchlichsten Holzsorten, unter denen Sie wählen können:

■ **KIEFER** Ein helles Weichholz, das goldgelb wird, wenn es mit Lack versiegelt wird. Es ist sehr ökonomisch, aber weniger haltbar als andere Holzsorten.

■ **EICHE** Wird gerne für Fußböden verwendet. Die Farbe hängt von der Sorte ab (amerikanisch oder europäisch), und die Maserung ist grob. Eiche ist sehr widerstandsfähig und hält Fäulnis gut stand.

■ **MAHAGONI** Ein bedrohtes tropisches Hartholz, kaufen Sie es also mit Vorsicht. Es ist dunkelbraun und war lange Zeit beliebt für Möbel und Türen.

■ **ULME** Eine prächtige dunkle Holzsorte, die wasserbeständig und sehr stark ist.

■ **AHORN** Holzsorte mit goldrotem Ton und offener Maserung. Ahorn eignet sich gut als Bodenbelag, da das Holz sehr hart ist und nicht unter den Füßen quietscht.

■ **BUCHE** Helles Holz mit feiner Struktur und Maserung. Es wird oft für Holzschnittböden verwendet.

■ **ESCHE** Helles Holz mit einer geradefaserigen Maserung und einer groben Struktur.

Lesen Sie im Anwendungsteil *(S. 146)* mehr über diese Hölzer nach. Sie können auch beim Händler Einzelheiten zu Dichte, Mängeln, Feuerklasse und Wurm- oder Pilzresistenz erfragen, da die Qualität von Stapel zu Stapel des gleichen Holzes variiert.

Andere Holzarten

Sperrholzboden besteht aus einer Basis aus Weichholz oder einem zusammengesetzten Holz, einem dünnen Furnier aus Hartholz und einer laminierten Schutzfläche. Durch die Nuten und Federn kann man die einzelnen Teile einfach zusammenfügen.

Da Holz so beliebt und das Holzangebot nicht unerschöpflich ist, stellt man bereits seit langem künstliches bzw. modifiziertes Holz her. Wenn Sie die Holzoberfläche ohnehin streichen wollen, brauchen Sie darunter ja eigentlich kein richtiges Holz. Wenn Sie der Funktionalität zuliebe gleich einen Sperrholzboden statt eines soliden Holzfußbodens verlegen, sparen Sie nebenbei noch eine Menge Geld.

SPERRHOLZ

Sperrholz ist weder zu dünn, noch eine provisorische Lösung, zudem liegt es im Trend. Es besteht aus dünnen Holzlagen (meist Birke), die rechtwinklig zusammengeleimt sind, und ist verblüffend stabil – besonders Sperrholz aus massiver Birke. Es gibt Bretter von bis zu 20 mm Dicke, die Sie in Quadrate schneiden können. Durch die Nuten und Federn kann man es auf einfache Weise als Boden- oder Wandverkleidung verlegen. Sie können es für größeren Glanz und mehr Gemütlichkeit ebenso einfach abschleifen, lackieren, streichen und beizen. Sperrholz ist nicht so haltbar wie Massivholz, aber die niedrigen Kosten sprechen für sich.

Durch Streichen kann man Holzverkleidungen wie MDF oder Sperrholz völlig verwandeln.

MITTELDICHTE FASERPLATTE

Allgemein als MDF bezeichnet, wird diese
Platte oft in Heimwerkersendungen
verwendet. MDF ist kostengüns-
tig, einfach schneid- und formbar (immer mit
Staubmaske) und glatt. MDF-Platten werden in verschiedenen Größen angeboten und eignen sich von
Küchenschränken über Bad- und Wandvertäfelungen bis zu Trennwänden für fast alles.

*Die völlig glatte Oberfläche
macht MDF-Platten ideal für
Farbanstriche und andere Effekte, vorausgesetzt, sie werden vorher mit MDF-Primer
oder einer Mischung aus
Farbe und PVA behandelt.*

FURNIERE

Furniertes, laminiertes Holz ist ein kostengünstiger
Weg, die gleiche Wirkung wie mit einem soliden
Holzboden zu erreichen. Eine dünne Schicht Hartholz wird auf Weich- oder Mischholz aufgeklebt und
zum Schutz laminiert. Die Platten brauchen daher
nicht lackiert zu werden, können aber auch nicht
mit Sandpapier aufgefrischt werden.

*Ein laminierter Fußboden sieht
elegant und modern aus. Er
kann jedoch nicht wie ein
solider Holzfußboden abgeschliffen werden.*

Helles Holz

Diese hellen, schönen Holzarten wirken frisch und modern und passen besonders gut zu der blassen und neutralen Farbpalette moderner Innenräume. Helles Holz wird oft mit dem skandinavischen Stil in Verbindung gebracht, aber ob man es nun für Arbeitsflächen oder Regale, als Treppenstufen oder Fußboden verwendet, es macht eher nüchterne Bereiche immer wärmer und gemütlicher. Wenn Sie ein schlichtes oder praktisches Design anstreben, schätzen Sie sicherlich die feinen Muster und Farben von hellem Holz, da es dem Raum eine Atmosphäre verleiht, die Ihnen einfach keine künstliche Verkleidung bieten kann.

NEUES HOLZ

Für ein helles Design sollten bereits vorhandenes Holz oder Dielen entweder kalken oder bleichen *(siehe S.139)* oder gleich in neues, helles Holz wie Buche, Esche oder Weißeiche investieren. Kiefernholz ist in natura ebenfalls hell, wird aber nach dem Lackieren satt-orangefarben. Besonders Eiche wirkt fantastisch, kann aber sehr teuer sein. Wenn Sie nach einem kostengünstigeren Material suchen, versuchen Sie so genannte gedämpfte Buche, die härter als Eiche ist, aber billiger. Im

helle Holzplatten

Verwenden Sie auch Möbel aus Holz für einen einheitlichen Look. Hier nutzen ein Bett und Einbauschränke aus der gleichen Holzsorte den Platz im ausgebauten Dachstuhl am besten aus und wirken herrlich schlicht.

Allgemeinen gilt: Je länger und größer die Bretter sind, um so teurer ist das Holz, aber breitere Dielen sehen einfach luxuriöser aus.

Böden und Arbeitsflächen aus solidem Hartholz sind teuer und werden am besten von einem Fachmann verlegt. Danach sollten Sie die Oberfläche zum Schutz versiegeln – besonders wenn es sich um einen Fußboden handelt. Einige Streifenböden sind bereits mit einem Acrylhärter behandelt, ansonsten müssten Sie sie mit mehreren Schichten Lack (siehe S. 138) versiegeln.

Auch helles Holz kann Gemütlichkeit und Struktur erzeugen. Hier wurde ein kalter, moderner Flur durch die Struktur, die Farbe und die Maserung des Holzes verwandelt. Der Kontrast des Holzes zur hellen Wand hebt die auffällige Treppe noch mehr hervor.

Dunkles Holz

dunkle Holzplatten

Dunkles Holz erinnert ein wenig an alte Landhäuser. Holzvertäfelung an den Wänden, gestreifte Holzdielen, frei liegende Balken an der Zimmerdecke und massive dunkle Holzmöbel wirken ausgesprochen geschichtsträchtig.

ALTES HOLZ RESTAURIEREN

Es ist sehr aufregend, die Ecke eines Teppichbodens anzuheben und darunter massive Holzdielen zu entdecken. Die meisten Holzdielen in Häusern des 19. und frühen 20. Jahrhunderts bestehen aus horizontal über den Boden gelegter Kiefer. Als Weichholz lässt sich Kiefer leicht abschleifen. Wenn Kiefernholz zu hell für Ihr gewünschtes Design ist, brauchen Sie nur bunte Farbbeize und Lacke auftragen, bis Sie mit der Farbe glücklich sind. In älteren Anwesen finden Sie vielleicht breite Eichendielen oder sogar schmale Mahagoni-Streifen. Auf jeden Fall können Sie in nur wenigen Tagen alte Dielen abschleifen, streichen und lackieren und so einen großartigen Fußboden kreieren, der zu jedem Stil passt, ob der Innenraum nun eher traditionell oder modern eingerichtet ist. Restaurierte Holzdielen sind zudem auch praktisch, da sie der Abnutzung hervorragend widerstehen.

Wenn Sie etwas Ungewöhnlicheres und Individuelleres als einfache

Oft sind Muster, Farbe und Details des Holzes das einzig nötige Dekor für einen Raum. Hier passen die frei liegenden Balken zu Alter und Größe des Hauses. Man sollte aber vorsichtig sein, wenn das Haus nicht alt und groß genug für so massives Holz ist..

Dielen im Auge haben, warum erwägen Sie dann nicht ein Parkett (in geometrischen Mustern ange-ordnete Holzblöcke) oder Marketerie (Einlegearbeit von verschiedenfarbigen Holzsorten)? Beide Tech-niken gibt es seit dem 17. Jahrhundert, und sie se-hen in den meisten Innenräumen gut aus, besonders mit dunklem Holz. Sie können das Parkett oder die Marketerie auch nur als Borte um den Fußboden einsetzen und vielleicht in der Mitte einen Teppich auslegen. Parkett und Marketerie sind auch gute Möglichkeiten, in Ihrem Heim bestimmte Hölzer einzuarbeiten, die auf großen Flächen zu kostspielig wären wie Walnuss und Amerikanische Trauben-kirsche.

Wandvertäfelungen aus Holz erzeugen Wärme und Be-haglichkeit und sind ideal, um nicht ganz perfekte Wände dahinter zu verbergen. Sie brauchen natürlich beträcht-lichen Platz und können den Raum verdunkeln. Verwenden Sie diese Art der Verkleidung am besten in Zimmern ohne Lichtprobleme.

Vorbereitung des Holzes

Wenn Sie in Ihrem Haus oder Ihrer Wohnung das Beste aus vorhandenem Holz machen wollen, müssen Sie es wahrscheinlich reparieren und renovieren. Vielleicht möchten Sie Farbe, Beize oder eine neue Lackierung verwenden oder eines der Vorhaben in diesem Kapitel in Angriff nehmen – in jedem Fall müssen Sie das Holz erst vorbereiten.

Selbst neues Holz benötigt etwas Vorbereitung. Jedes Holz muss man vor dem Verarbeiten lagern. Dadurch gewöhnt es sich an den Feuchtigkeitsgrad und die Temperatur des Raums, in dem es zum Einsatz kommt. Frisch geschnittenes Holz schrumpft, wenn es in beheizte Räume kommt, und verliert etwas von seinem natürlichen Wassergehalt. Lassen Sie es eine Weile liegen, bevor Sie es verarbeiten. Einige Hersteller bieten grundsätzlich nur verlegefertiges Holz an, und einige garantieren auch dafür, dass ihr Holz abgelagert ist.

Altes Holz muss zumindestens abgeschliffen werden; vielleicht müssen Sie vorher auch Farbe und alten Lack entfernen, was recht mühsam sein kann. Wenn Sie ein Möbelstück oder eine Tür behandeln wollen und Ihnen die Idee, selbst mit chemischem Farb-

Oben und unten: Bevor Sie einen alten Holzfußboden aufpolieren und anstreichen können, muss er abgeschliffen und alte Farbe oder Lack müssen entfernt werden. Wenn Sie den ganzen Boden streichen, mag ein leichter Abschliff per Hand genügen – für andere Behandlungen können Sie eine Schleifmaschine einsetzen.

entferner und Werkzeug zu arbeiten, nicht gefällt, suchen Sie sich einen Handwerksbetrieb, der diese Arbeit für Sie übernimmt.

Große Fläche wie Fußböden müssen mit einer Schleifmaschine abgeschliffen werden, es sei denn, der Boden ist schon sehr glatt, oder Sie wollen ihn mit spezieller Bodenfarbe streichen, wofür Sie ihn nur leicht per Hand abreiben können. Trotzdem ist es meistens am besten, sich einen Vibrationsschleifer auszuleihen. War der Boden gestrichen, müssen Sie den größten Teil der Farbe erst mit einem Heißluftgerät und einem Schaber entfernen, sonst verklebt die Farbe das Sandpapier. Versenken Sie alle Nägel und entfernen Sie Heftklammern, sonst reißt das Sandpapier ein. Sie können natürlich auch einen Fachmann fragen – oder einen erfahrenen Helfer.

Mischen Sie etwas Sägemehl vom Schleifen mit dem Holzkitt oder der Holzspachtelmasse, um eine feste Mischung zu erhalten. Füllen Sie mit dieser Mischung alle kleinen Lücken zwischen den Brettern. Dadurch haftet die Beschichtung besser.

Frisch verlegtes Holz muss mit mehreren Schichten Lack geschützt werden. Wählen Sie Glanzlack oder Satinlack für einen matteren Effekt.

Holz streichen & beschichten

Wenn Sie eine Holzoberfläche beschichten, müssen Sie vorher entscheiden, ob Sie die natürliche Schönheit des Holzes betonen oder es als Untergrund verwenden wollen, auf dem Sie Ihre individuellen Muster und Farben auftragen. Im ersten Fall sollten Sie Beschichtungen suchen, durch die Sie die Maserung und vielleicht auch die Farbe des Holzes noch erkennen können, so wie Lack, helle Beize, Tünche oder Kalk. Im zweiten Fall können Sie alle gewünschten Farben und Beizen verwenden und so kreativ sein, wie Sie möchten.

Lack

Frisch abgeschliffene Kiefer-dielen sind sehr hell. Sobald sie aber lackiert werden, entwickeln sie einen warmen goldenen Glanz.

LACK

Durch eine Schicht Klarlack hindurch können Sie Maserung und Farbe des Holzes immer noch bewundern – obwohl Kiefer dann orangefarben wird. Die meisten Lacke lassen Holz etwas gelber und dunkler werden. Acrylbodenlack macht Holz nicht gelb. Eine Lackschicht kann sehr stark glänzen, und wenn Ihnen Mattlack zu fade erscheint, können Sie einen mittleren Glanz wählen. Lackfarbe ist härter, trocknet aber langsamer. Ein Fußboden benötigt mindestens drei Schichten Farbe, fünf Schichten sind besser, wenn der Boden hohen Belastungen ausgesetzt wird.

HOLZ AUFHELLEN

Damit Kiefer unter der Lackschicht nicht orangefarben wird, können Sie das Holz vorher aufhellen. Bleiche entzieht dem Holz alle Farbe. Probieren Sie die Wirkung erst an einer kleinen, unauffälligen Stelle aus. Für einen zarteren Effekt können Sie Lack mit weißen Farbpigmenten oder Holztünche kaufen, beide können aber recht teuer sein. Eine andere Alternative ist es, das Holz zu kalken, indem Sie weiße Farbe, Kalkwachs oder Gesso in die Holzfasern streichen, sie dann mit einem Lappen abwischen und in die Fasern hineinreiben. Wiederholen Sie den Vorgang, bis Sie zum Schluss auf das ganze Holz einen hellen Farbfilm aufgetragen haben.

Durch Bleichen sieht Holz abgetragen und fast verwittert aus, was sehr schön zu hellen Farben passen kann.

HOLZ VERDUNKELN

Ziehen Sie Mahagonitöne vor, haben aber einen Kieferfußboden, können Sie für die gesuchte Farbtiefe spezielle Holzbeizen verwenden. Holzbeizen kommen auch zum Einsatz, wenn Sie einige neue Dielen legen müssen und sie vor dem Polieren etwas älter machen wollen, damit sie zu den anderen passen.

Mit Holzbeizen können Sie auf ökonomische Weise Holz behandeln und erneuern.

Kombinieren

Die Innenarchitekten lieben Holz, da es ein natürliches Material ist, das zu fast allem passt. Bestimmte Farben und Muster von Holz (selbst die Muster, die durch die Länge und die Legerichtung von Dielen entstehen) erzeugen immer eine ganz spezielle Stimmung, die besonders zu einem oder zwei bestimmten Stilrichtungen passt. Wenn Sie also einen vorhandenen Holzfußboden bearbeiten wollen, erwägen Sie folgende Vorschläge:

Kombinieren Sie in einem hellen Raum neues Holz mit blassen, zarten Farben.

Eine Holzverkleidung kann sehr modern aussehen, wenn man sie mit blasser Eierschalenfarbe streicht.

■ **POLIERTE KIEFER- ODER EICHENDIELEN** Dieser Klassiker der Holzböden war in den letzten Jahrzehnten sehr beliebt. Heute deuten polierte Dielen noch immer Gemütlichkeit und Charakter an, aber man ist von dem Trend abgegangen, jedes alte Detail in unseren Häusern zu treu zu restaurieren. Während man noch immer die Schönheit und das Praktische eines gestreiften Holzbodens schätzt, kombiniert man ihn jetzt mit dem Landhausstil und dem Antik-Look, mit Glaswänden und Wasserfarbe – er passt überall dazu.

■ **SPERRHOLZ UND MDF** Lackierte Fußböden und Wandverkleidungen sind ein moderner Belag für alle, die an Schlichtheit und Nutzen denken.

Sie sollten mit versteckten Lagerräumen, Glasregalen, weißen Farbtönen an den Wänden und im Idealfall mit einem oder zwei Korbstühlen kombiniert werden. Durch Streichen können Sie die Wirkung weicher machen und fast jeden Look kreieren.

■ **GESTRICHENER FUSSBODEN** Ein einfach gestrichener Boden passt zu modernen Räumen (besonders mit weißem oder schwarzem Anstrich), aber auch zum Schlafzimmer im Landhausstil mit Gingan und Blumenmustern. Gekalkte Böden wirken genauso gut in Land- wie Stadthäusern, aber Farbtünche und Schablonen deuten eher dekorative Stile wie amerikanische Volkskunst (Blutrot und Grün) oder einen skandinavischen Stil an (Hellblau, Grau, Mintgrün).

■ **NUT- UND FEDERBRETTER** Nut- und Federbretter aus Kiefernholz sind die universellste Wandverkleidung. Sie wirken am besten, wenn sie mit Ölfarbe oder Farbtünche gestrichen werden, damit man die Maserung sieht. Wenn man überall lackierte Bretter um sich hat, denkt man unweigerlich an eine Sauna. Oft in Bädern bis zur Paneelhöhe eingesetzt, erinnert diese Vertäfelung an alte Strandhäuschen und passt gut zu anderen gebleichten Holzarten und Coir, Stein und Putz.

Ein gestrichener Fußboden mit Holzmöbeln und Korbstühlen wirkt schlicht und tradtionell.

Wenn Sie Holz mit klarer Farbe oder Lack behandeln, können Sie die Maserung noch erkennen.

Pinsel

Ölfarbe

EINE DEKORATIVE FUSSBODENKANTE

Hölzerne Dielen sehen gestrichen, gebeizt oder getüncht großartig aus, und ein schablonierter Rand passt gut dazu. Sie können nach Belieben ein modernes oder klassisches Muster wählen. Hier gaben wir dem Fußboden mit einem adretten, geometrischen Design einen modernen Look.

SIE BRAUCHEN:

- Sandpapier
- Holzspachtelmasse
- Farbe oder Holzbeize
- Zeichenpapier oder dünnes Brett
- Klare Acetatplatte
- Skalpell
- Hackbrett
- Fußbodenfarbe für die Schablone
- Klebeband
- Mittlerer Pinsel
- Kleiner Pinsel
- Matt- oder Glanzlack für den Boden

ANWENDUNG

- Bereiten Sie die Dielen vor: Versenken Sie vorstehende Nägel, schleifen Sie sie ab und spachteln Sie die Lücken zu.
- Streichen oder beizen Sie die Dielen laut Packungsanweisung in Ihrer Ausgangsfarbe und lassen Sie sie trocknen.
- Zeichnen Sie für Ihre Schablone ein einfaches geometrisches Muster auf Zeichenpapier und pausen es auf die Acetatplatte. Legen Sie dann das Acetat über dem Papier auf das Hackbrett und schnei-

den die Schablone mit dem Skalpell aus. Feilen Sie alle unsauberen Kanten ab.

- Messen Sie sorgfältig den Platz für die Schablone aus, um zu sehen, wie oft Sie sie ansetzen müssen, und markieren Sie alles mit Kreide auf dem Boden, damit genug Platz für ganze Formen bleibt. Messen Sie einen Abstand zur Scheuerleiste aus, damit die schablonierte Linie nicht an der Wand entlang läuft. Wenn Sie die ganze Schablonierfläche umrissen haben, kleben Sie die Schablone mit Klebeband in einer Ecke in die Ausgangsposition und malen sie sorgfältig mit dem mittleren Pinsel und Ihrer gewählten Farbe aus.

- Wenn die Form fertig ist, ziehen Sie das Klebeband ab, nehmen die Schablone hoch, wischen die Farbe ab und setzen sie an der nächsten Stelle an. Für den Umriss auf der nächsten Seite haben wir zwischen zwei Streifen Klebeband eine Linie gemalt, um die Kante zu betonen.

- Wenn Sie mit dem ganzen Rand fertig sind, lassen Sie ihn trocknen. Beenden Sie die Arbeit mit einer Schicht Matt- oder Glanzlack als Versiegelung.

Nut- und Federbretter

NUT- UND FEDERVERKLEIDUNG

Eindrucksvoll, aber einfach anzubringen. Sie können fertige Nut- und Federpaneele kaufen, die Sie einfach vor Ort zusammenfügen können, und wenn Sie Paneelkleber verwenden, brauchen Sie noch nicht einmal Hammer und Nägel, um sie zu befestigen.

SIE BRAUCHEN:

- Nut- und Federbretter
- Scheuerleiste
- Paneelleiste

(Siehe unten für Mengen)

- Wasserwaage
- Bleistift
- Paneelkleber
- Matte Ölfarbe als Beschichtung

ANWENDUNG

- Entfernen Sie vorhandene Scheuerleisten. Messen Sie den Raumumfang aus und ziehen Sie die Lücken für Türen, Schränke, Fenster usw. ab. Messen Sie die gewünschte Höhe der Paneelleiste aus, damit Sie die Länge für die Nut- und Federbretter festlegen. Fragen Sie Ihren Holzhändler nach der korrekten Anzahl von Nut- und Federbrettern, um den Platz auszufüllen, und kaufen Sie ausreichend Paneel- und Scheuerleisten.

- Zeichnen Sie mit Hilfe einer Wasserwaage eine Bleistiftlinie um den Raum, um den oberen Paneelrand zu markieren.

- Bisher wurden die Holzbretter inein-

ander gesteckt und unsichtbar an die Leisten an der Wand genagelt. Heute kann starker Paneelkleber diese Arbeit für Sie übernehmen, so dass Sie die Paneele direkt an der Wand anbringen können. Stecken Sie immer nur einen Streifen an und geben laut Packungsanweisung etwas Kleber auf die Kanten. Überprüfen Sie weiterhin die vertikalen und horizontalen Linien mit der Wasserwaage.

- Befestigen Sie oben und unten Paneel- und Scheuerleisten mit demselben Kleber und decken Sie dabei grobe Enden ab, um einen schönen Abschluss zu erhalten.

- Beizen oder streichen Sie die Paneele entsprechend den Farben im Raum. Hier haben wir zwei Schichten matter Ölfarbe in einem satten Orange aufgetragen.

SCHICHT	ANWENDUNG
NUT- UND FEDER-PANEELE Beliebte Wand-verkleidung aus Holz	Die gut zur Verkleidung mangelhafter Wände oder alter Fliesen geeigneten Nut- und Federbretter aus Kiefer können lackiert, mit Ölfarbe gestrichen oder getüncht werden, wodurch die Maserung weiter sichtbar bleibt. Das erinnert an ein Strandhäuschen und eignet sich für informelle Räume und Badezimmer. Diese Paneele passen gut zu Naturmaterial wie Kokosmatten, Stein und Putz.
SPERRHOLZ Dünne Holzlagen, die unter Druck zu einem starken Struk-turbrett zusammen-geleimt wurden	Als kostengünstige, praktische Beschichtung kann Sperrholz als lackierte oder gestrichene Verkleidung an Wänden und auf Fußböden verwendet werden – der Einsatz ist allerdings auf grundlegende struk-turelle Anwendungen beschränkt.
MITTELDICHTE FASERPLATTEN (MDF) Industriell gefertigtes Kunstholz	MDF-Platten können leicht mit einer Bandsäge in jede Form geschnitten werden (tragen Sie dabei eine Maske). MDF muss nicht abgeschliffen werden und ist sehr glatt zum Streichen. Dadurch ist es be-liebt für Möbel, Schranktüren, Raumtrenner, Fenster-läden, Tischplatten usw. Streichen Sie MDF-Platten erst mit einer Schicht MDF-Primer (aus dem Heim-werkermarkt) oder einer Mischung aus fünf Teilen der Farbe und einem Teil PVA-Kleber.
KIEFERNDIELEN	Ein traditioneller Fußboden, der besonders in alten Stadt- und Landhäusern beliebt ist. Abgeschliffen, eventuell gebeizt oder gebleicht und dann poliert, bieten Kieferndielen eine praktische, widerstands-fähige und langlebige Oberfläche, die mit dem Alter immer besser wird. Kombinieren Sie sie mit Tep-pichen für zusätzliche Wärme und Behaglichkeit.

SCHICHT	ANWENDUNG
MARKETERIE (auch Intarsie) Einlegearbeit mit zweifarbigen Hölzern	Eine beliebte Beschichtung auf Möbeln, die aber auch für attraktive Designs entweder in der Mitte oder am Rand eines Holzfußbodens verwendet wird. So kann man Holzarten einarbeiten, die zum großflächigen Einsatz zu teuer wären wie Walnuss und Amerikanische Traubenkirsche.
PARKETT Ein Fußbodenbelag aus verschiedenen Hartholzstücken, die in dekorativen Mustern verlegt werden	Wie Marketerie ergibt auch Parkett einen wunderschön gemusterten Fußboden aus Holz. Besonders gewachst, um die natürlichen Farben des Holzes herauszubringen, erinnert es an gregorianische Innenräume, aber auch an Art Deco. Verwenden Sie es in Fluren, Ess- und Wohnzimmern. Schöne Teppiche wirken ergänzend.
NEUER HOLZ-FUSSBODEN Gewöhnlich aus massiver Kiefer, Buche, Esche oder Weißeiche	Das Legen eines neuen Holzfußbodens bewirkt eine glatte, feste Beschichtung Ihrer Wohnfläche. Dieser Fußboden passt zu fast jedem Innenraum, besonders aber zu modernen Räumen. Er muss nach dem Legen abgeschliffen und poliert werden, kann aber regelmäßig abgeschliffen und beschichtet werden, um das schöne Aussehen zu erneuern und eine dauerhafte Oberfläche zu erhalten.
LAMINIERTES HOLZ Sperrholz mit einer dünnen Schicht Furnier aus natürlichem Holz und zum Schutz mit Laminat versiegelt	Eine kostengünstigere Alternative zu massivem Holzboden. Der Vorteil von laminierten Fußboden ist, dass er beachtliche Resistenz gegenüber Flecken, Pfennigabsätzen und Brandflecken aufweisen kann, ist er aber einmal beschädigt, kann er nicht einfach abgeschliffen werden. Er eignet sich in modernen Heimen gut für Wohn-, Ess- und Schlafzimmer. Die meisten Laminate eignen sich nicht für Badezimmer oder andere Bereiche, wo sie nass werden und extremen Temperaturen ausgesetzt sein können.

Anpassungsfähigkeit

Ob künstlich, furniert oder massiv, Holz spielt sicherlich eine Rolle in Ihrem Heim. Gestrichen, lackiert, gebleicht, gebeizt oder in seiner natürlichen Form können Sie Holz immer wieder neu an Ihre persönlichen Bedürfnisse anpassen. Zudem sieht es mit zunehmendem Alter immer besser aus.

Glas &
Metall

ZERBRECHLICH, aber robust, undurchsichtig oder transparent – Glas ist voller Gegensätze, obwohl es gerade dadurch zu so einem vielseitigen, nützlichen und schönen Material für den Innenarchitekten wird. Einige Metalle wie Kupfer verbreiten einen Hauch von Luxus, während andere wie Stahl strapazierfähig und praktisch sind.

Glas: Grundlagen

Buntes Glas verwandelt ein Fenster in ein Kunstwerk.

Wenn Sie Glas kreativ in Ihren Räumen verwenden wollen, konsultieren Sie vorher einen Fachmann. Glas kann schön und elegant sein, aber für sich allein genommen, ist es ein totes Material. Es mag geformt oder in die fantasievollsten Formen geschnitten sein, aber das alleine gestaltet noch keinen Raum. Jedoch kann die Kombination von Glas, der richtigen Struktur und Umgebung und der geeigneten Beleuchtung interessanter wirken als jede Wand oder Dekoration. In einem Wohnraum mit großen Glasflächen, ob nun Fenster, Türen oder Wände, können Sie das vorhandene Licht bestens ausnutzen, um wechselnde Stimmungen zu schaffen.

Die große Auswahl an Glasprodukten ermöglicht verschiedene Stile und Funktionen. Alle bestehen aus Glas – nur die Zusammensetzung, die Dicke und die Beschichtung werden dem besonderen Zweck angepasst.

Glas als Strukturmaterial schafft praktische Raumteiler, die mehr Licht und Raum zulassen als massive Wände.

■ **PRIVATSPHÄRE UND DEKORA-TION** Wenn Sie Glas suchen, das den Blick auf das Dahinterliegende verdecken soll, nehmen Sie eine Sorte, die ganz oder teilweise geätzt, gesandstrahlt oder getönt ist. Diese Verfahren werden auch angewendet, um Glas einfach reizvoller zu machen. Andere Dekorationsmöglichkeiten sind geformte Glasfenster zwischen Räumen, ein gewölbter Raumteiler mit abgeschrägten Kanten oder Bleiglasfenster.

■ **LICHT- UND WÄRMEFILTER** Einige Glasarten haben eine Spezialzusammensetzung oder -beschichtung mit einem gewissen Grad an Wärme- oder Lichtdurchlässigkeit – ideal zum Energiesparen und Reduzieren der Heizkosten.

Wenn Ihnen ganze Wände, Böden oder Decken aus Glas einfach zu teuer sind, verwenden Sie Glas doch als moderne Tischplatte.

■ **SCHALLDÄMPFUNG** Besonders dickes Glas, Isoliereinheiten (wie Doppelfenster), laminiertes Glas und akustische Hochleistungslaminate wirken hochgradig schalldämpfend – berücksichtigen Sie dies bei glasverkleideten Wänden.

■ **SICHERHEIT** Glas kann gehärtet oder laminiert werden, um es im Fall des Zerbrechens sicherer zu machen (ein Muss bei Kindern).

■ **STABILITÄT** Glas, das für Treppen oder Decken verwendet wird, muss besonders stabil sein. Bestimmte Gläser sind diesen Zwecken angepasst.

PFLEGE

Glas reinigen Sie am besten mit heißem Wasser und Spülmittel oder Glasreinigungsmitteln. Lassen Sie Glasböden gut trocknen, bevor sie wieder betreten werden, da sie nass sehr glatt sein können. Glasdecken sind schwerer sauber zu halten, da sie weniger zugänglich sind – denken Sie daran, wenn Sie ein Oberlicht wollen. Das Glas sollte tragend sein, um die Reinigung zu erleichtern. Ihr Architekt berät Sie hierzu gern.

Glasbausteine und Flachglas

Viele Menschen leben heute in Häusern mit einem oder zwei Mehrzweckräumen, wo sich die Bewohner zum Reden, Entspannen, Fernsehen, Lesen oder Lernen treffen – und sogar zum Kochen und Essen. Ein solcher Raum muss heute rund um die Uhr für alle Familienmitglieder da sein.

Hier kommen Glasbausteine und Glasverkleidungen als Raumteiler und Trennwände ins Spiel, mit denen Sie Teile des Raums bestimmten Zwecken zuordnen können, ohne gleich eine massive Wand zu ziehen, die Sie Platz und Licht kostet. Glas ist auch die perfekte Lösung für einen Durchbruch zu einem anderen Raum oder zum Flur, damit mehr Licht eindringt – ohne dass Sie Ihre Privatspäre oder eine Wand verlieren.

Glasbausteine bieten die praktischen Vorteile einer einfachen normalen Wand, wirken aber auch sehr individuell. Sie können ganz nach Ihren Wünschen eingebaut werden – vom Boden bis zur Decke oder einfach hüfthoch – und sind immer ein interessantes Element. Die Auswahl an Glasbausteinen ist heute sehr groß. Es gibt verschiedene Muster, Strukturen, Formen und sogar Farben. Die Deckschicht – strukturiert oder gemustert – beeinflusst die Durchsichtigkeit des

Glasbausteine

Glasbausteine sind perfekt, um zwei Bereiche voneinander abzutrennen, ohne Platz oder Licht zu verlieren.

Große Fenster lassen das Licht hinein und einen Raum größer wirken. Natürlich kann man auch die Aussicht besser bewundern.

Eine Glastreppe wirkt sehr modisch und individuell.

Glases und auch den Stil des Raums. Überlegen Sie, ob der Bereich hinter dem Glas gut sichtbar, verzerrt oder völlig verdeckt sein soll.

GLASFUSSBODEN

Der aufregendste aller Fußböden ist zugleich auch der unsichtbarste: Glasböden und -treppen sehen vor allem beleuchtet verblüffend aus. Fragen Sie einen Fachmann nach dem richtigen Glas. Es gibt hierfür dickes gekühltes Glas, das erhitzt und dann für zusätzliche Stärke langsam abgekühlt wird, und Floatglas, das seinen Namen dem Härteprozess verdankt. Alle Glasböden sollten gesandstrahlt sein, damit sie nicht so glatt sind.

Spiegelglas

Spiegelfliesen

Die allgegenwärtigen verspiegelten Schiebeschrank-
türen von einst haben eine ganze Generation von
Spiegelglas als Verkleidung abgewendet. Dabei hat
Spiegelglas wirklich viele herausragende Qualitäten. Eine richtig platzierte Spiegelscheibe in
einem Zimmer kann wahre Wunder vollbringen,
den Raum länger, heller und lebendiger erscheinen
lassen. Spiegelglas wird schon seit dem 19. Jahrhundert verwendet. Damals brachten Architekten große Spiegel in Nischen an, um falsche Fenster oder
Bogengänge zu schaffen und verlängerten den
Raum dadurch.

Der Spiegeleffekt kann noch immer so genutzt
werden – aber auf moderne Weise. Die lichtreflektierenden Eigenschaften von Spiegelglas sind die
perfekte Ergänzung zur heutigen Fülle schimmernder, silberdurchwirkter Stoffe, Metallicfarben und
Chrom. Vergrößern Sie mit wandhohen Spiegeln

*Die Kombination verschiede-
ner Glassorten schafft einen
hellen, aufregenden Raum
und lässt die tatsächlichen
Raumgrenzen verschwimmen.*

kleine Dielen, Küchen, Bäder oder
Duschen; bringen Sie einen Spiegel
hinter einem Regal in einer Nische an
oder passen Sie übergroße Spiegel,
die fast vom Boden zur Decke gehen,
in mächtige Holz- oder Goldrahmen
ein und hängen Sie einen (oder zwei)
hinter dem Esstisch auf, um das Kerzenlicht zu reflektieren. Passen Sie auf,
dass alles, was vor dem Spiegel steht,
es auch wert ist, zweimal gesehen zu

werden. Das Bild im Spiegel ist ebenso wichtig wie Ihre Bild- oder Dekorationsauswahl. Die Beleuchtung sollte den Spiegel funkeln lassen und den Betrachter nicht blenden.

SPIEGELFLIESEN

Spiegelfliesen sehen toll aus, sollten aber sparsam eingesetzt werden. Kleine Spiegelmosaiken können Sie mit Fantasie wie eine Paneelleiste rund um den Raum anbringen oder einer etwas langweiligen Schranktür oder einem Couchtisch neues Leben einhauchen. Größere Spiegelfliesen können auf kleinen Flächen auch einen Art-Deco-Effekt bewirken. Sie können mit Spiegelfliesen zwar nicht den Gesamteindruck des Raums ändern, aber eine gute Beleuchtung erweckt sie zum Leben.

Verkleiden Sie große Flächen in einem kleinen Badezimmer mit Spiegelglas, wird der Raum optisch verlängert.

Buntglas

Traditionell wird Buntglas mit den Buntglasfenstern gotischer und viktorianischer Gebäude assoziiert oder auch mit dem allgegenwärtigen Sonnenaufgang des Art Deco, der in den 30er Jahren so viele Erkerfenster geschmückt hat. Heute können Sie buntes Glas dank des wachsenden Angebots an Produkten auf kreative Weise verwenden.

Glasbausteine gibt es in einer Fülle von Farben, die sich in ihrer Wirkung sehr von den klaren Standardsorten unterscheiden. Mit buntem Glas können Sie in einer Verkleidung aus Glasbausteinen verschiedene Muster kreieren, die anderen Farben des Raums ergänzen oder fortsetzen und mit dem Licht, das durch die Bausteine scheint, Muster im Raum und farbige Bereiche an den Wänden und auf dem Boden dahinter schaffen. Bereits farblose Glasbausteine verzerren alles, was jenseits von ihnen liegt, und bunte Glasbausteine verstärken diese Wirkung noch.

Buntglas kann ein zentrales oder winziges Fenster oder auch eine Glastür zu etwas ganz Besonderem oder zum Mittelpunkt machen. Es ist auch ideal, um das Thema des Raumes zu verstärken. Warum fügen Sie in einem ma-

Farbe gibt Glas eine weitere Dimension und verwandelt das weiße Licht, das hindurchscheint, in prächtige bunte Strahlen.

Kunstvoll gearbeitete Buntglasfenster sind schön – werden aber am besten dem Fachmann überlassen. Sie wirken großartig, sind aber sehr teuer.

*In Häusern aus den 30er
Jahren kommt oft helles und
ausdrucksvolles Farbglas vor,
das den schlichten und einfachen Stil der Art-Deco-
Innenräume ausgleicht.*

ritim gestalteten Bad nicht ein Buntglasfenster in
Form eines Fischs, Delphins, Bootes oder einer
Meerjungfrau ein? Ihr Glaslieferant wird Ihnen einen
Künstler empfehlen, der mit Ihnen arbeiten kann,
oder er übernimmt vielleicht selbst ein einfaches,
geometrisches Design. Sie müssen kein ganzes Farb-
fenster verwenden, wenn Sie sich nicht sicher sind –
Sie können auch nur einen kleinen Teil
im Fenster bunt gestalten.

*Machen Sie das Beste aus
einem kleinen Fenster und
verwandeln Sie es in eine
bunte Attraktion.*

Wenn Ihr Budget oder Ihr Mut
nicht für ein ganzes Fenster reichen,
Sie aber kreativ sind, können Sie Farbe
noch später einsetzen, indem Sie ein
Fenster mit Spezialfarben bemalen.
Oder kleben Sie vorübergehend farbige Acetatblätter auf einige Scheiben,
und sehen Sie den Unterschied!

Metall: Grundlagen

Gold und Silber sind extrem kostspielig, also werden statt dessen einfache Metalle für dekorative Verkleidungen poliert, gegossen und geformt. Suchen Sie ein robustes Material, das auch schimmert und glänzt, können Sie auf Metall zurückgreifen. Es hat wie Glas viele reflektierende, lichtverbessernde Eigenschaften, ist aber nicht so intensiv.

Kupfer

Die raue Schönheit von Metall wird immer beliebter. Sie können heute beispielsweise viele umgebaute alte Lagerhallen finden, die als Luxuswohnungen mit großen Strukturstahlträgern, die sich frei liegend über den ganzen Wohnbereich erstrecken, gestaltet wurden.

Der Schlüssel zum Erfolg liegt darin, das Metall so einzusetzen, dass es seine Umgebung ergänzt und verbessert. Metalle können so mannigfaltig angewendet werden, dass es für jedes Haus eine passende Art gibt. Die häufigsten Behandlungen sind Polieren und Wischen (für weniger Glanz); sie können für mehr Struktur auch geätzt oder sandgeblasen und gehämmert werden. Sie können Metalle auch streichen, aber Sie müssen sie vorher grundieren, damit die Farbe hält.

matte Metallplatte

Einige häufig verwendete Metalle sind:

■ **KUPFER** Ein prachtvolles, nicht magnetisches Metall, das rot-braun ist und glänzt, wenn es poliert wird, aber nach dem Anlaufen eine grüne Patina entwickelt. Es wird oft als Ausgangsmetall beim Plattieren, etwa von Chrom und Silber, verwendet. Kupferplatten können als Arbeitsflächen eingesetzt werden.

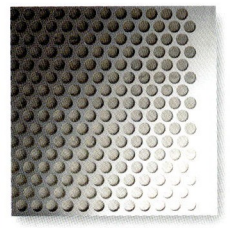

Profilplatte

Glänzendes Metall ist sauber und hygienisch, es eignet sich also gut für Küche und Bad. Farbtupfer beugen einem zu sterilen Aussehen vor.

■ **MESSING** Messing ist eine Legierung aus Kupfer und Zink. Die Farbe schwankt je nach Anteil zwischen hellgelb und dunkelgold. Es wird meistens für dekorative Details verwendet, z. B. an Türen.

■ **ALUMINIUM** Silbern, dezent, leicht und nicht magnetisch, wird Aluminium sehr vielseitig angewendet, z. B. für Jalousien und Rollläden.

■ **ROSTFREIER STAHL** Ein starkes, glänzendes, hartes und formbares Metall, das es in vielen Plattengrößen gibt und gut für Wandverkleidungen und Küchenausstattungen geeignet ist.

■ **GALVANISIERTER STAHL** Stahl oder Eisen wurden mit Zink überzogen, damit sie im Freien nicht rosten.

PFLEGE

Es gibt Spezialcremes, mit denen Sie rostfreien Stahl und andere Metalle glänzend und wie neu aussehen lassen können. Sie werden einfach aufgetragen und dann mit einem weichen Lappen abgerieben (folgen Sie immer den Anweisungen des Herstellers). Bei großen Oberflächen wie bei einem Metallfußböden helfen heißes Wasser und etwas Reinigungsmittel.

Profilplatten

Metallwände und -türen

Metall wird immer beliebter. Frei liegende Stahlträger sind in zu Wohnungen umgebauten Lagerhallen und Lofts alltäglich. Metall wird häufig in relativ dünnen Platten angewendet, mit denen ein anderes Material abgedeckt wird, wie eine Arbeitsfläche aus Holz oder eine verputzte Wand. Ein wenig Chrom, rostfreier Stahl oder Aluminium geben Ihren Dekorationen den richtigen Rahmen. Es folgen einige Möglichkeiten, Metalloberflächen in Ihrem Heim einzuarbeiten:

SPRITZSCHUTZ AUS METALL

Eine Platte aus rostfreiem Stahl hinter Ihrer Arbeitsfläche ist eine erfrischende Alternative zum traditionellen Fliesenspritzschutz und verleiht Ihrer Küche ein modernes, professionelles Aussehen. Die polierte Oberfläche reflektiert das Licht in den Raum und braucht wenig Pflege – nur hin und wieder eine Politur mit einer speziellen Reinigungsflüssigkeit. Das Design wirkt nur dann richtig, wenn auch Ihre Küchenmöbel einfach und modern sind – Sie können diesen Spritzschutz nicht mit dem Landhausstil kombinieren.

Fliesen aus mattem rostfreien Stahl sind ein professioneller Spritzschutz, der auch noch gut zu den anderen Geräten aus rostfreiem Stahl in der Küche passt.

Praktische und schicke Arbeitsflächen und Wände aus Metall sind sehr modern und wirken auch bei künstlichem Licht lebendig.

METALLVERKLEIDUNG

Sie können mit etwas Mut eine großartige Wirkung erzielen, wenn Sie eine ganze Wand mit rostfreiem Stahl bedecken. Verkleiden Sie die Wand hinter dem Esstisch mit drei oder mehr großen Metallplatten, um abends das Kerzenlicht zu reflektieren, oder die Wand gegenüber dem Wohnzimmerfenster, um sich an den Lichtveränderungen und Spiegelungen auf ihrer Oberfläche zu erfreuen.

Die Küchengerätehersteller haben sich der Nachfrage angepasst und bieten für ihre Geräte Blenden aus rostfreiem Stahl an.

SCHIEBEPLATTEN/TÜREN

Wirklich industriell sieht es aus, wenn Sie eine Schiebetür mit einer Platte aus rostfreiem Stahl oder Aluminium verkleiden. Das gibt der Tür Stabilität (obwohl Aluminium ziemlich leicht ist) und sieht sehr wirkungsvoll in kleinen Küchen und Bädern aus, in denen dann die anderen Accessoires auch aus Chrom oder Stahl sein sollten.

161

Metallböden
& Einrichtung

FUSSBÖDEN

Ein Metallfußboden – meistens aus Aluminium oder galvanisiertem Stahl – ist belastbar, glänzend und passt zu einem modernen, industriellen Design. Aluminium ist viel leichter als Stahl und kann über einen Holzfußboden verlegt werden. Zudem rostet es nicht, wodurch es sich auch für feuchte Bereiche eignet. Sie haben die Wahl zwischen Metallplatten und -fliesen. Platten müssen zurechtgeschnitten und mit Löchern versehen werden, um sie später anzuschrauben. Beide sollten ein strukturiertes Muster haben, wie die Profilplatte auf der nächsten Seite, damit sie weniger glatt sind. Die Nachteile von Metall – abgesehen von den Kosten – sind, dass es kalt unter den Füßen ist und den Schall nicht dämpft.

Hier wurden Profilplatten aus Metall mit normalen Fliesen kombiniert, um den nötigen Bereichen eine praktische, rutschfeste Oberfläche zu verleihen, während gleichzeitig ein beeindruckendes Fußbodendesign entsteht.

EINRICHTUNGEN

In Küchen und Badezimmern kann man Metall hervorragend einsetzen. Einbauschränke mit Stahlfront sehen glatt und schlicht aus und sollten auch einen modernen Griff oder einen nicht sichtbaren Magnetverschluss bekommen. Und da Sie auch Küchengeräte aus rostfreiem Stahl kaufen können, müssen

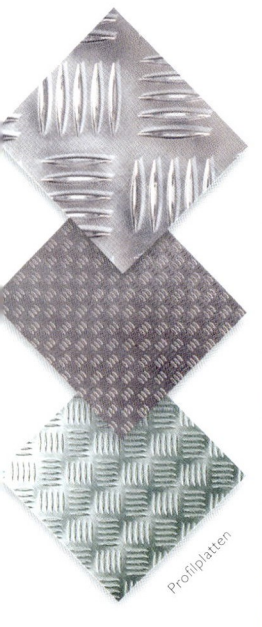

Sie das einheitliches Design z. B. nicht mit der weißen Blende eines Geschirrspülers unterbrechen. Arbeitsplatten können auch von einer rostfreien Stahloberfläche profitieren. Sie ist hygienisch und leicht sauber zu halten, und durch die Lichtreflektion des Metalls wirkt der Raum lebendig.

Geräte aus rostfreiem Stahl, die man früher nur in Restaurantküchen fand, sind schon lange in modernen Haushalten vertreten.

Wenn Sie befürchten, dass das Ganze zu klinisch aussieht, können Sie auch einige Elemente mit Holz- oder Glastüren verwenden *(siehe S. 161)*. Ergänzen Sie diese aber mit einer Metallklinke oder einem Knauf

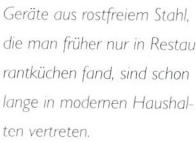

aus Chrom, um im einheitlichen Metall-Design zu bleiben.

DECKENSTÜTZEN

Wenn Sie einen großen, offen angelegten Bereich mit Säulen haben, die als Deckenträger oder Dekoration dienen, können Sie sie für einen tollen High-Tech-Look mit Chrom- oder Stahlplatten verkleiden.

Kombinieren

Strukturboden

Metall- und Glasoberflächen sind bei modernen Designs sehr beliebt. Sie können gut zusammen oder auch einzeln verwendet werden. Sie passen ebenso gut zu einer eher traditionellen Einrichtung – suchen Sie nur eine Verkleidung oder Verzierung, die mit Glas oder Metall zu Ihrer Einrichtung passt.

Für Nutzbereiche wie Küche oder Badezimmer sind Metall und Glas besonders geeignet. Für einen minimalistischen Look kombinieren Sie einfache industrielle Metallmöbel mit Stein- oder Metallfußböden und Sichtmauerwerk oder eventuell einem Strukturanstrich. Weiß ist eine passende Farbe für diesen Look, wirkt aber leicht zu klinisch. Streichen Sie deshalb eine Wand oder eine Schrankfront in einer anderen Farbe. Einen wärmeren Look erreichen Sie mit Kupfer und Messing. Das Vorhaben auf den Seiten 166–167 zeigt Ihnen, wie Sie mit einer Kupferplatte einen alten Schrank verjüngen.

Trennwände aus Glas sollten mit möglichst schlichten Flächen kombiniert werden, um das futuristische Design zu vervollständigen.

Glasbausteine passen vor allem in Küchen und Bäder, können sich aber auch in anderen Räumen gut einfügen. Verwenden Sie die Glasbausteine für einen ganzen oder halbhohen Raumteiler zwischen Wohnzimmer und Essbereich oder zwischen Küche und Sitz-/Essbereich. Der Fußboden sollte einen harten Belag haben (Teppich wirkt hier fehl am Platz). Sie können warme Töne mit Holz oder farbigem Linoleum ergänzen. Wenn Sie bunte Glasbausteine nehmen, halten Sie die Wände nur zart farbig oder weiß, damit das gefilterte Licht zu einer zusätzlichen Dekoration wird. Ein Esstisch mit einer Glasplatte oder ein Glasregal setzen das Design fort.

Trifft Glas auf Stahl, wirkt das hell, strahlend und sehr modern.

Verwenden Sie in einem mehr traditionell eingerichteten Heim Buntglas als Dekoration. Buntglas passt zu fast allen Stilen. Haben Sie ein altes Anwesen, suchen Sie in Büchern nach Ideen und verwenden Sie möglichst das farbige Glas als Mittelpunkt Ihrer Farbpalette. Sie müssen sich hierbei nicht allzusehr an historische Details halten – auch die im 11. Jahrhundert erbaute Kathedrale von Chichester in England hat Buntglasfenster von Marc Chagall, einem Künstler des 20. Jahrhunderts.

Ein Raum mit viel Glas und Metall braucht manchmal etwas Wärme und Struktur. Arbeiten Sie die Naturfarben und Maserungen von Holzelementen mit ein.

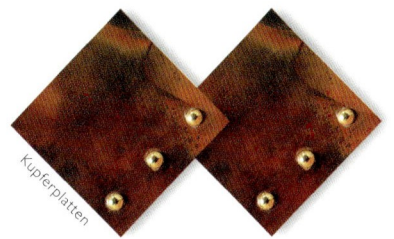

Kupferplatten

EIN MIT KUPFER VERKLEIDETER SCHRANK

Verwandeln Sie ein altes oder unscheinbares Möbelstück mit einer kupfer-verkleideten Tür in ein Kunstwerk. Eine alte Kupferplatte wird mit Messingstiften an die Holztür genagelt: ein echtes Einzelstück!

SIE BRAUCHEN:
- Kleiner Schrank mit flacher Holztür
- Dünne Kupferplatte, exakt auf die Tür zugeschnitten
- Zerstäuber
- Packung Küchensalz
- Schutzhandschuhe
- Maske
- Lötlampe
- Polsterstifte aus Messing
- Kleiner Hammer
- Kleiner Türknauf aus Messing

ANWENDUNG
- Messen Sie die Schranktür aus. Lassen Sie sich von Ihrem Metallhändler eine dünne Kupferplatte exakt zuschneiden. Erklären Sie ihm Ihr Vorhaben, damit er Ihnen die richtige Plattenstärke empfiehlt: Sie muss dünn genug zum Hämmern sein, aber dick genug, damit sie sich beim Löten nicht verzieht.
- Entweder bitten Sie den Händler, die Platte zu löten, oder Sie löten selbst. Dann jedoch arbeiten Sie besser auf einem sauberen Zementboden in einer Werkstatt oder Garage. Halten Sie eine

Armeslänge Abstand, tragen Sie Handschuhe und eine Schutzmaske. Legen Sie das Metall auf Ziegelsteine, um es vom Boden abzuheben. Halten Sie den Lötkolben 30 cm vom Metall entfernt und erhitzen Sie die Oberfläche. Arbeiten Sie in kurzen Ansätzen und drehen Sie den Lötkolben weg, wenn Sie das Metall im Minutenabstand mit Wasser einsprühen und mit Salz bestreuen. Dadurch bildet sich die gewünschte Patina. Seien Sie vorsichtig, wenn das Wasser auf das heiße Metall kommt. Halten Sie den Lötkolben immer nur kurz auf das Metall – bei Überhitzung verzieht sich die Platte.
- Wenn Sie mit Farbe und Patina zufrieden sind, machen Sie den Lötkolben aus und lassen das Metall völlig abkühlen. Polieren Sie dann die Oberfläche mit einem weichen trockenen Lappen.
- Schlagen Sie die Platte mit Messingstiften gleichmäßig an die Schranktür. Fügen Sie zum Schluss den Messingknauf hinzu.

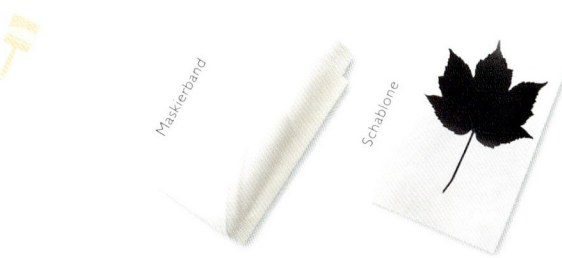

Maskierband

Schablone

SCHRANKTÜR MIT GEÄTZTEM GLAS

Mit sprühgeätztem Glas können Sie Ihrem Design großartige Muster hinzufügen. Ob es Glas in Ihrem Badezimmerfenster ist oder auf einer Tür, wie hier bei einem Schränkchen, Sie können die Oberfläche einfach mit Ätzspray oder einer Schablone behandeln.

SIE BRAUCHEN

■ *Kleiner Schrank mit einer oder mehreren klaren Glasscheiben in der Tür*
■ *Pauspapier*
■ *Bleistift*
■ *Skalpell*
■ *Hackbrett*
■ *Klares Abdeckblatt*
■ *Leichter Sprühkleber*
■ *Maskierband*
■ *Dose Ätzspray*
■ *Schutzmaske*

ANWENDUNG

■ Wählen Sie erst ein Muster. Für diese Tür hier wurde ein gepresstes echtes Blatt verwendet, das auf Papier nachgezeichnet wurde. Verwenden Sie nach Wunsch Mustervorlagen aus Büchern oder einen eigenen Entwurf. Das Muster sollte einen möglichst einfachen Umriss haben, damit Sie es abpausen und ausschneiden können.

■ Legen Sie das ausgeschnittene Pauspapier unter dem Abdeckblatt auf ein Hackbrett. Umfahren Sie dann vorsichtig durch das Abdeckblatt hindurch mit dem Skalpell die Umrisse, um die Schablone herzustellen. Die Kanten sollten sauber sein.

■ Decken Sie das Holz rundum mit Maskierband ab, um es vor dem Sprühkleber und dem Ätzspray zu schützen. Kleben Sie dann die Schablone mit dem leichten Sprühkleber auf die Glasscheibe. Tragen Sie beim Sprühen über Mund und Nase eine Schutzmaske. Achten Sie darauf, dass die Schablone flach an der Glasoberfläche anliegt, damit das Ätzspray nicht unter die Kanten läuft und das Muster ruiniert.

■ Folgen Sie den Anweisungen auf der Dose und besprühen Sie die Schablone glatt und gleichmäßig. Versuchen Sie, den ganzen Bereich in einem Zug abzudecken, damit es zum Schluss keine Linien und Brüche gibt. In diesem Fall hier sieht eine einzelne Schicht besser aus als zwei.

■ Warten Sie fünf Minuten und entfernen Sie dann sanft die Schablone und das Maskierband. Bearbeiten Sie immer eine Glasscheibe nach der anderen.

SCHICHT	ANWENDUNG
SPIEGELGLAS	Spiegelscheiben werfen das Licht zurück und machen ein Zimmer größer. Sie sind praktisch im Schlafzimmer wie auch im Bad. Verkleiden Sie mit Spiegelglas ganze Wände oder nur kleine Nischen, um den Eindruck zu erwecken, dass sich das Zimmer weiter ausdehnt.
SPIEGELFLIESEN Fliesen aus Spiegelglas	Spiegelfliesen sind vor allem für Räume mit wenig oder gar keinem Tageslicht geeignet, da sie Kunstlicht besonders gut reflektieren. Sie können auch nostalgisch wirken, z. B. in Verbindung mit einer grellen Tapete im Stil der 70er Jahre.
GLASBAUSTEINE Glasblöcke in vielen Farben und Graden an Durchsichtigkeit	Sie können verwendet werden, um ein Fenster in einer massiven Wand zu schaffen oder um eine Wand zu bauen, die zwei Bereiche voneinander trennt, ohne dabei die Lichtmenge oder den Raumeindruck zu vermindern. Bunte Glasbausteine werfen Muster mit farbigem Licht in den Raum, wenn künstliches Licht oder Tageslicht durch sie hindurchscheint.
GLASSCHEIBEN Auf Größe zugeschnittenes Glas, das in vielen Farben, Graden an Durchsichtigkeit und Stärken erhältlich ist	Flachglas kann fast jedem Zweck angepasst werden – von Fenstern und Decken zu Fußböden und Trennwänden. Sie sollten grundsätzlich immer bei einem Architekten, Statiker oder Spezialglashändler Rat dazu einholen, welche Glassorte für Ihr Vorhaben am besten geeignet ist.

SCHICHT	ANWENDUNG
GLASFUSS-BODEN	Erwägen Sie einen Fußboden aus Glas nur in Zusammenarbeit mit einem Architekten oder Designer, der Ihnen die nötige technische Unterstützung bieten kann. Sehr kostspielig; wird in modernen Innenräumen gemeinsam mit Glastrennwänden und -decken verwendet, um den Eindruck eines Zimmers ohne Böden, Wände oder Türen zu vermitteln. Gewöhnlich wird dickes gehärtetes Floatglas verwendet, das unbedingt eine Anti-Rutsch-Behandlung benötigt.
BUNTGLAS Glas, das bei der Herstellung angemalt oder getönt wird	Buntglas wirkt besonders eindrucksvoll in großen oder kleinen Fenstern, ob nach Mustern oder Farben angeordnet. Sie können Buntglasstücke mit Bleirändern verwenden oder größere Farbplatten. Trennwände und Raumteiler aus farbigen Glasbausteinen können aus einer einzigen, aber auch aus mehreren Farben aufgebaut sein.
METALLPLATTEN Platten aus Metall wie rostfreiem Stahl oder Kupfer, nach Maß zugeschnitten und in vielen Stärken erhältlich	Wenn sie von einem Fachmann zugeschnitten wurden, können Metallplatten für Wände, Spritzschutze, Schrankfronten und Arbeitsflächen verwendet werden. Sie eignen sich am besten für die Küche und für das Badezimmer.
METALLBODEN Metallfliesen mit Profiloberfläche	Metallfußböden wirken praktisch und industriell, also werden sie am besten in Arbeitsbereichen wie Küchen und Bädern eingesetzt. Um die eher klinische Wirkung abzuschwächen, sollten Sie Profilplatten aus Metall mit einem anderen Material wie Keramikfliesen oder Linoleum kombinieren.

Futuristisch

Glas und Metall wirken sehr modern und futuris-
tisch. Sie werden immer öfter von Innenarchitekten
eingesetzt. Glaswände und -decken, die man zur Zeit
eher in Designerhäusern antrifft, könnten bald zur
Norm werden und die Grenzen zwischen Innenraum und Garten oder Balkon verwischen.

Kombinieren Sie!

SIE haben die Grundlagen der Farbtheorie und Farbeffekte gemeistert und sich von der Vielfalt der möglichen Beläge und Beschichtungen inspirieren lassen, aber Sie sind sich noch nicht ganz sicher, wie Sie Ihre Ideen umsetzen sollen? Dieses Kapitel zeigt Ihnen, wie die verschiedenen Beschichtungen in bestimmten Räumen aussehen können, und gibt Ihnen viele Tipps, wie Sie Ihren eigenen Stil finden.

Strukturen

Unabhängig von Ihrem Budget für Stoffe, Farben, Tapeten und Möbel benötigt Ihr Raum unbedingt Struktur und Kontrast, damit er interessant wirkt. „Struktur" ist ein Fachbegriff der Innenarchitekten. Die gelungene Kombination von verschiedenen Strukturen im Haus war stets Teil einer guten Inneneinrichtung. Der Trick besteht im erfolgreichen Mischen und Kombinieren der Materiale (Stoffe, Oberflächen und Möbel) für eine vielfältige, aber abgerundete Wirkung. Das klingt einfach und ist es eigentlich auch, wenn man eindimensionale Räume mit nur einer einzigen Struktur, z. B. nur mit weichen oder nur mit glatten Oberflächen, vermeidet.

Was fühlen Sie, wenn Sie Stoffe anfassen oder sehen? Samt, Pelz, Wolle und Chenille werden wegen ihrer Wärme und ihrer Weichheit geschätzt, Metalle und Glas wegen ihrer lichtreflektierenden Eigenschaften und Holz und Stein wegen ihrer wohl einzigartigen natürlichen Schönheit. Ein Raum, der je ein Element davon enthält, spricht Ihren Seh- und Tastsinn an, und Sie werden sich darin besser entspannen können.

Wenn Sie also ein rustikales Schlafzimmer mit harten Steinwänden und einem Holzfußboden wollen, runden Sie es mit etwas Weichem ab – mit einer Stoff-

Strukturieren Sie Wände für ein zusätzliches stilistisches Element. Hier spiegelt das Reliefmuster auf dem Kaminvorsprung das Muster des Kaminsimses wider.

Das Muster der Schranktür wird von der Obstschale weiter verstärkt, und so entsteht ein einheitlicher Look.

bahn aus Voile, einem Wollläufer oder mit weicher Bettwäsche, damit der Raum ausgewogen wirkt. Besonders ein Raum in neutralen Farben benötigt verschiedene Nuancen, Maserungen und Strukturen aus einer Mischung von Materialen, um Eintönigkeit vorzubeugen.

Selbst die einfachsten modernen Designs profitieren von den Effekten, die durch die Mischung von warmen und kalten sowie matten und glänzenden Elementen entstehen. Setzen Sie Glas und Metall so umfassend ein, wie Sie möchten, vergessen Sie aber nicht, mit ein wenig Holz ein bisschen Gemütlichkeit einfließen zu lassen. Das Endergebnis ist ein durchgehend ausgewogener, behaglicher Stil.

Ein mit Voile drapiertes Bett erfüllt einen modernen Raum mit Romantik.

Diese Treppe im industriellen Design wird durch die Kombination von Stahl und geätztem Glas mit den warmen, zarten Tönen von Holz ansprechender.

Weiche Möbel

Das weiche Mobiliar kann den Stil oder das Thema bestimmen oder verstärken. Die Tierdrucke passen zur Größe des Raums und den Möbeln und runden die Maskensammlung perfekt ab.

Pinke Gardinenbahnen machen diesen Raum weicher und gemütlicher und werfen fließende Schatten.

Meistens ist es das so genannte weiche Mobiliar, das dem Raum Farbe, Muster und Stil verleiht. Die Auswahl dieser Stoffe kann recht schwierig sein, denn dazu brauchen Sie Vertrauen in Ihren persönlichen Geschmack. Wenn Sie sich unsicher fühlen, probieren Sie zunächst ein Kissen oder einen Überwurf aus, bevor Sie sich auf einen Stoff für das Sofa oder die Gardinen festlegen, um sicherzustellen, dass Sie auf Dauer mit der Farbe oder dem Muster leben können.

Denken Sie über Ihre zunkünftige Inneneinrichtung – Teppiche, Gardinen und Polstermöbel – auf die gleiche Weise nach wie über Ihre Wandverkleidung und blättern Sie zur Bestätigung und weiteren Orientierung zurück zu den Seiten über Farbtheorie

Das Mischen von Mustern ist immer wirkungsvoller als das Wiederholen des gleichen Musters. Hier wirken die Blumen und Streifen eher zufällig zusammengestellt.

(siehe Seiten 20–25) und Musterkunde (siehe Seiten 86–93). Stoffmuster werden ebenso stark wahrgenommen wie Muster auf Tapeten. Ein großes Muster wird eine kleine Fläche beherrschen, und ein kleines Muster wird sich auf einer großen Fläche verlieren, z. B. auf bodenlangen Gardinen oder Vorhängen vor einem großen Fenster.

Beachten Sie also, dass Ihre Muster nicht nur zur Größe des Raums passen, sondern auch zu der gewählten Fläche, ob nun für ein Fenster, ein Sofa oder ein Bett.

*Mit Kontrastfarben und ge-
mischten Mustern können Sie
einen heimeligen, einladenden
Raum schaffen. Wählen Sie
Farben und Muster aus nur
einer Stilrichtung, ob traditionell, im Ethno-Look oder
im modernen Stil.*

Wenn Sie sich bei der Farbwahl für Stoffe unsicher sind, lassen Sie sich von einem der Stücke inspirieren, die Sie bereits um sich haben. Sofern Sie bei Ihrer Inneneinrichtung nicht ganz von vorne anfangen, werden Sie sicherlich ein Sofa, einen Teppich oder Gardinen haben, die auch in den neuen Raum passen müssen. Bestimmen Sie die vorherrschende Farbe und versuchen Sie dann, Kontrast- oder Harmoniefarben zu finden, indem Sie noch einmal den Farbkreis auf Seite 24 heranziehen. Ein blaues Sofa z. B. kann der Ausgangspunkt für verschiedene Looks sein – ein kaltes harmonierendes Schema mit Blau und Lila, ein strahlender Kontrast mit kräftigem Gelb oder Orange oder auch Blau und Weiß, besonders in einem sonnigen Raum.

Haben Sie Vertrauen in sich selbst beim Mischen und Kombinieren von Mustern und Farben. Ein Raum wirkt zu steril, wenn jedes Element schlicht ist, oder überladen, wenn jedes einzelne Stück das gleiche Design zeigt. Der Trick liegt im Erkennen von Ausmaß und Dichte des Musters, um es ausgewogen zu mischen. Um etwa Blumen und Streifen miteinander zu verbinden, nehmen Sie einen frech gemusterten Blumenstoff mit einem einfachen Hintergrund und kombinieren ihn mit einem grob gestreiften Stoff in einer der Farben aus dem Blumendesign. Nehmen Sie am besten einen kleinen Druck in derselben oder einer harmonierenden Farbe. Verwenden Sie bei Bedarf den Farbkreis.

Verwenden Sie für einen modernen Stil weiche Möbel zurückhaltend und suchen Sie eher nach einfachen Jalousien oder Stoffverkleidungen als nach aufwändigen Gardinen.

Die Wahl
des Stils

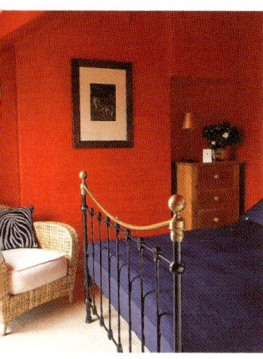

Traditionelle rote Wände und ein verziertes Bettgestell werden von einem modernen Stuhl und Gemälde begleitet. So mischen sich Alt und Neu ausgewogen.

Hier bewirkt die Mischung der verschiedenen Beläge einen gemütlichen, individuellen Raum.

Sie sollten Ihr Haus wirklich gut kennen, bevor Sie wichtige Dekorationsentscheidungen treffen. Bekommen Sie ein Gefühl für den Raum und wie Sie darin leben möchten, bevor Sie die Dekorateure bestellen oder Wände einreißen.

Wenn Sie nach einer Stilrichtung suchen, lassen Sie sich am besten von einem Innenarchitekten beraten. Sie müssen nicht alle vorhandenen historischen Elemente übernehmen, aber in einem alten Haus aus dem 19. Jahrhundert einen gelungenen modernen Minimalismus erreichen zu wollen, ist eher unwahrscheinlich. Denken Sie also an die

Bedürfnisse derer, die das Haus mit Ihnen teilen. Es ist sicherlich unklug, zwei Kinder und einen Hund mit vielen delikaten, zerbrechlichen Elementen zu umgeben und einen älteren Menschen mit nacktem Industriedesign.

Bei einem alten Haus lohnt es sich, über die Epoche nachzulesen und sich inspirieren zu lassen. Ein Haus aus dem ausgehenden 19. Jahrhundert muss nicht unbedingt mit dunklen Farben, schweren Gardinen und Nippes eingerichtet gewesen sein. Art Nouveau kam gerade auf und bewirkte helle Räume und einfach gebaute Möbel – die vielleicht mehr dem modernen Geschmack zusagen.

Kennen Sie Ihren Raum gut und wählen Sie Ihr Design entsprechend aus.

Die klaren Linien der Möbel sind perfekt für diesen großen modernen Wohnbereich geeignet.

Die neutralen Töne der Möbel sind modern und schick, aber es sind die Accessoires und Farbspritzer, die Leben in den Raum bringen.

Regt Sie die Vergangenheit Ihres Hauses nicht an, sehen Sie sich nach anderen Epochen, Ländern oder Stilrichtungen um. Die multikulturelle Vielfalt bietet viele Anregungen, Sie sollten aber Altes und Neues so mischen, dass keine allzu verwirrende Vielfalt entsteht. Wählen Sie Schlüsselelemente zu einem Stil oder Thema. Dann können Sie Ihren eigenen Stil mit diversen Accessoires entwickeln, die den Raum abrunden. Stil ist unabhängig von Modetrends. Sie müssen auch keine Stilrichtung detailgetreu rekonstruieren. Verwenden Sie lieber Elemente, die Sie ansprechen, und seien Sie kreativ. Es hilft jedoch, Grundkenntnisse der Stilrichtungen zu erwerben.

STILRICHTUNGEN

■ **16. UND 17. JAHRHUNDERT:**
Holz und Wandteppiche dominieren.

■ **18. JAHRHUNDERT:** eleganter,
symmetrischer Stil; elegant gestrichene
Hölzer, helle Farbpalette; amerikani-
scher Shaker-Stil des späten 18. Jahrhunderts mit einfachen, praktischen
Möbeln, schlichten Stoffen, Stepp-
decken und Nut- und Feder-Platten.

■ **19. JAHRHUNDERTT:** dunkle Farben, schwere
Stoffe, viele Verzierungen.

■ **UM 1890 – ART NOUVEAU:** frischer Look mit
Schwerpunkt auf handwerklichem Können.

■ **1920–1940 – ART DECO:** Stil der Hollywood-
Filme mit Chrom und Lack.

■ **ORIENTALISCH:** Einfache, niedrige Möbel, Eben-
holz, Lack und Bambus.

■ **ETHNISCH:** Terrakotta, Rattan, Zinn, Stoffe, Batik.

*Die schlichten, eleganten
Verzierungen und die weiche
Beleuchtung lassen diesen Flur
geräumig, warm und einla-
dend wirken.*

*Während die Wände voller
Bilder sind, bleiben die Möbel
eher einfach. So wirkt der
Raum als Ganzes nicht un-
ordentlich.*

183

Wände in Wohnzimmern

Das Wohnzimmer ist der Mehrzweckraum, in dem die Familie zum Fernsehen, Musik hören, Lernen und Reden zusammenkommt. Hier entspannen Sie sich gemeinsam.

Nutzen Sie den Raum mehr abends, schaffen Sie eine warme gemütliche Umgebung, die gut bei künstlichem Licht und bei Kerzenlicht wirkt. Orange, Terrakotta und rote und goldgelbe Töne sind die idealen Farben für Anstriche und Tapeten. Sichtmauerwerk und Holz sehen beleuchtet ebenfalls großartig aus. Nutzen Sie den Raum eher tagsüber, ziehen Sie vielleicht etwas Frischeres, Helleres vor.

Durch den stetigen Trend nach offen angelegten Mehrzweckbereichen wird Ihr Wohnzimmer viel-

Muster für
Wandverkleidungen

Die nackte Ziegelwand steht im völligen Konstrast zu der klassisch gestreiften Tapete, aber beide sind auf ihre Art sehr wirkungsvoll.

leicht gleichzeitig auch als Esszimmer, Küche oder sogar als Schlafzimmer genutzt. Suchen Sie eine möglichst neutrale Farbe, die zu allen Bereichen passt. Trennwände können hier als bewegliche Raumteiler dienen. Verwenden Sie massive Holz- oder stoffbezogene Trennwände für einen Sicht- schutz oder für eine lichtdurchlässige Glastrenn- wand, die ein Gefühl von viel Platz erhält und durch die das Tageslicht einfallen kann.

Offen angelegte Wohnungen- haben die Nachfrage nach beweglichen Wänden oder Trennwänden erhöht, mit denen man große Räume flexibel unterteilen kann.

Fußböden in Wohnzimmern

Natursteine

Die Wahl für den Fußboden Ihres Wohnzimmers hängt wiederum von Ihrem Lebensstil und Ihren Vorlieben ab. Ziehen Sie die natürliche strapazierfähige Schönheit polierten Holzes vor oder einen weicheren, bequemeren Wollteppich, oder gefällt Ihnen die goldene Mitte eines Fußbodenbelags aus Naturfasern wie Sisal oder Kokos?

Teppiche und besonders Teppichboden haben in den letzten Jahren an Beliebtheit gewonnen, da man im Allgemeinen einfache, klare Linien vorzieht. Der Trend zu offen angelegten Mehrzweckräumen hat hier auch seinen Teil beigetragen, da ein harter praktischer Fußboden wie Holz oder Linoleum genauso

Komfort oder Ästhetik – die Wahl liegt bei Ihnen, und beides kann miteinander verbunden werden.

Naturböden wie Kokosmatten sind sehr haltbar und können unter den Füßen bequemer sein als blankes Holz.

Echter Holzboden wirkt natürlich und warm. Es können immer Teppiche ausgelegt werden, wenn es draußen kalt wird.

attraktiv im Wohnzimmer wie in der Küche und im Essbereich ist.

Eine Kombination aus einem Holzfußboden und schönen Teppichen passt zu fast jeder Stilrichtung. So haben Sie die Schönheit des Holzes, aber auch die Wärme eines weichen Teppichs unter den Füßen.

Natürliche Fußbodenbeläge sind eine weitere Alternative, besonders wenn man sich nicht für eine Teppichfarbe entscheiden kann. Sisal, Coir und Seegras wirken natürlich und haben zarte Farben, die genau wie Holz zu jeder Dekoration passen. Sie sind zwar strapazierfähig, werden aber leicht fleckig und können schwierig zu reinigen sein.

Kücheninventar

Der Stil Ihrer Küche wird von Material, Farbe und Beschichtung der Schränke und Arbeitsflächen bestimmt, da diese den größten Teil der Oberflächen stellen. Wenn Sie in neue Elemente investieren, wählen Sie mit Bedacht. Eine Küche ist vor allem ein Arbeitsbereich, und die Oberflächen müssen strapazierfähig und praktisch sein. Aber Küchen sind oft auch der soziale Mittelpunkt des Hauses, in denen sich alle versammeln und Besucher bewirtet werden, sie sollten also nicht zu klinisch wirken.

Achten Sie wieder auf Ihre Bedürfnisse. Wollen Sie nicht den ganzen Tag polieren und putzen, dann meiden Sie weiße oder metallene Arbeitsflächen, Glasschränke und -tische sowie andere Oberflächen, auf denen man jeden Fleck sofort sieht.

Küchengeräte nehmen einen so großen Teil der Küche ein, dass sie unvermeidlich den Stil des Raums bestimmen.

Gefliese Arbeitsplatten sind einfach abzuwischen und zu reinigen. Laminierte Arbeitsplatten sind eine gute Wahl für ein kleineres Budget und halten auch heiße Töpfe und scharfe Messer aus. Stein wie Granit, Marmor und Schiefer ist luxuriöser und muss auch kein Vermögen kosten. Man kann ihn dünn und mit einer doppelt so hohen Außenkante schneiden lassen, um eine größere Breite vorzutäuschen.

Holz ergibt in allen Küchen reizvolle Arbeitsplatten, ist aber weicher als Fliesen oder Laminat, passen Sie also mit Messern und heißen Töpfen auf. Dunkles Holz und Kiefer passen hervorragend zum Landhausstil, gestrichenes Holz kann den amerikanischen Shaker-Look erschaffen, und helles Holz wie Buche oder Ahorn wirkt mit Glas, Chrom und rostfreiem Stahl sehr modern.

Holzarbeitsplatten sind attraktiv, aber schwieriger in tadellosem Zustand zu halten als Laminate oder Steinplatten.

elektrischer Wasserkocher

Küche: Boden & Fliesen

Küchenfußböden müssen praktisch, aber deswegen nicht langweilig sein. Tatsächlich ist diese große Fläche eine gute Möglichkeit für ein Aufsehen erregendes Design, überlegen Sie also, wie Sie hier kreativ werden können. Selbst ein kleiner Fußboden bietet ungeahnte Chancen, und Sie können sich hier kostspieligere Bodenbeläge leisten, die bei einer größeren Fläche vielleicht Ihren finanziellen Rahmen sprengen würden.

Praktisches muss nicht langweilig sein. Mit Gummi, Metall, Linoleum und Vinyl können Sie in der Küche so kreativ sein, wie Sie möchten.

Die beliebtesten Küchenböden sind aus Steinfliesen, Vinyl oder Linoleum und Holz. Es ist wichtig, dass der Belag zu den Möbeln passt, greifen Sie also bei einer Landhausküche zu Fliesen aus Naturstein

oder Terrakotta oder zu Holzdielen und zu etwas Eleganterem für eine moderne Küche. Auch Vinyl und Linoleum sind sehr reizvoll. Zudem gibt es bei Vinyl Fliesen-, Stein- und Holzimitationen, die Sie vom Original kaum unterscheiden können. Linoleum kann für einen stilvollen Fußbodenbelag fachmännisch in ganz individuelle Designs geschnitten werden.

Ein Spritzschutz kann mit stilgerechten Fliesen ergänzt werden. Eine modische Wahl sind Papierbögen mit kleinen Mosaikfliesen, die viel einfacher zu verlegen sind als einzelne Stückchen. Fliesen in einem einzigen Farbton sehen elegant aus, während eine bunte Mischung aus drei Komplementärfarben fröhlich ist und einer ansonsten einfarbigen Umgebung etwas Farbe verleiht.

Fliesen sind praktisch und einfach zu reinigen, was sie immer zu einer guten Wahl für Küchenwände macht.

Wenn Ihr Küchenboden klein ist, machen Sie etwas Besonderes daraus. Sie können ja einen kostspieligeren Belag wählen, wenn Sie keine große Fläche abzudecken haben.

Schlafzimmer

Das Gästezimmer ist einfach und schön. Das Verkleiden der Wand mit Stoff, der auf das Bettzeug oder die Gardinen abgestimmt ist, schafft einen einheitlichen Look.

Ihr Schlafzimmer sollte ein Ort sein, an den Sie sich zum Entspannen und Abschalten nach einem langen Tag zurückziehen. Hier ist also kein Platz für anregende, aufdringliche Tapeten und weiches Mobiliar. Suchen Sie stattdessen nach beruhigenden Tönen wie einem neutralen oder weichen Blau oder nach warmen Farben wie Pink und Terrakotta.

Natürlich ist Ihr Schlafzimmer Ihr Privatbereich und vielleicht der einzige Raum im Haus, in dem Sie völlig frei Ihre eigenen Designs und Ideen ausleben können. Es ist auch das Zimmer mit dem wenigsten Durchgangsverkehr, also können Sie bei der Wahl des Materials etwas nachsichtiger sein. Wenn es Ihr Budget erlaubt, verwenden Sie hier eine hochwertigere Tapete als im Rest des Hauses. Auch prunkvolles Mobiliar wird in diesem Zimmer nicht innerhalb weniger Monate von künstlerisch begabten Kindern oder angelehnten Fahrrädern ruiniert.

Tapete ist eine gute Wandverkleidung, und wenn das Tapetenmuster zwei oder mehr Farben enthält, wird dadurch die Farbwahl für das Inventar bestimmt. Von der Tapete ausgehend, wählen Sie eine Grund- und eine Akzentfarbe für Gardinen, Möbel und Bettwäsche.

Mischen Sie lieber verschiedene Stoff- und Tapeten-
sortimente und stimmen sie aufeinander ab, als völlig einheitliche Kollektionen zu verwenden. Diese
erleichtern zwar die Arbeit, sie wirken aber nicht so
attraktiv.

Wenn Sie Einbauschränke im Sinn haben, überlegen Sie, dass die Schrankfront
wie eine ganze Wand wirkt. Einbauschränke werden den Raum
beherrschen, es sei denn, Sie können sie in der Farbe der Wände
streichen. Verspiegelte Türen verstärken den hellen und geräumi-
gen Eindruck, aber denken Sie
daran, dass Sie sich darin ständig
selbst sehen werden.

*Durch die Wahl der Wand-
verkleidung wird ein Raum
intimer oder offener.*

*Verspiegelte Schränke lassen
das Zimmer viel geräumiger
erscheinen, als es ist.*

193

Wände in Kinderzimmern

Hell, lustig und frisch: Die Erfolgsformel für ein Kinderzimmer ist das genaue Gegenteil zu der für Zimmer, die von Erwachsenen genutzt werden. Es macht auch Spaß, ein Kinderzimmer mit leuchtenden Farben, Schablonen und Farbeffekten zu gestalten, da Sie das Kind in sich herauslassen können.

Als Schlüssel für ein gelungenes Kinderzimmer gilt es zu bedenken, dass Ihr Kind sehr schnell heranwachsen wird. Wenn Sie keine Lust haben, alle zwei Jahre alles umzugestalten und neu zu möblieren, arbeiten Sie vorausschauend und planen Sie sorgfältig. Überlegen Sie, welche Dinge von Bestand sein werden, wie Gardinen, Fußboden und vielleicht die Tapete. Halten Sie diese Details möglichst einfach im Design, damit sie auch zu den zukünftigen Einrichtungen passen. Gardinen mit Cartoonmotiven mögen ja heute eine gute Idee sein, aber Ihr Kind mag sie eventuell nicht mehr, wenn es älter wird. Lampenschirme und Kissenbezüge sind jedoch recht einfach auszutauschen und für Motive geeignet.

Gestrichene Wände sind kostengünstig und auch leicht erneuerbar. Schablonieren ist eine gute Technik für das Kinderzimmer. Seien Sie mutig und

Verwenden Sie lustige Accessoires, um ein Kinderzimmer aufzuheitern und ihm ein Thema zu geben.

Kinderzimmer sind der perfekte Ort für Fantasie und Kreativität.

194

schaffen Sie ein Thema für den Raum mit Motiven, die auch auf anderen Accessoires, Bettbezügen und beim Spielzeug vorkommen können. Tiere vom Bauernhof passen zu Jungen und Mädchen, ebenfalls Zirkus- und Meeresthemen oder vielleicht ein Zoo. Verwenden Sie nicht zu viele Farben – zwei Haupttöne wie Rot und Gelb und eine Akzentfarbe wie Blau oder Grün eignen sich am besten – dann können Sie diese Farben auch auf den Holzelementen weiterverarbeiten.

Wollen Sie etwas wirklich Einzigartiges für Ihr Kind schaffen, kopieren Sie etwas Lustiges als Zeichnung auf die Wand. Werfen Sie das Bild mit einem Overheadprojektor an die Wand und zeichnen Sie die Umrisse nach – natürlich nur, wenn Sie Vertrauen in Ihr zeichnerisches Talent haben. Wenn Ihr Kind heranwächst und es etwas Anspruchsvolleres möchte, kann man das Bild einfach in unauffälligeren Farben überstreichen.

Aus praktischen Gründen wählen Sie am besten ein Thema, das leicht angepasst werden kann, wenn Ihr Kind älter wird und eigene Vorlieben entwickelt.

Mischen Sie lebendige Farben und stimmen Sie sie ab, damit der Raum lustig, hell und kinderfreundlich wird.

Flurwände

Der Flur ist der Bereich Ihres Hauses, den Ihre Besucher zuerst sehen, und da der erste Eindruck nunmal zählt, sollten Sie diesen Raum so warm und so einladend wie möglich gestalten.

Wenn Sie ein Farbschema auswählen, denken Sie an die Helligkeit des Raums. Viele Flure, besonders in Stadthäusern, bekommen kaum Tageslicht. Hier müssen Sie die ständige künstliche Beleuchtung mit einbeziehen. Wenn Sie versuchen, mit hellen Wänden zusätzlich etwas Licht zu schaffen, wird das in den meisten Fällen nicht funktionieren. Wände in warmen Farben wie einem satten Goldgelb jedoch sehen bei guter Beleuchtung – Halogenstrahler oder Sonnenlicht – besonders hübsch aus.

Im Flur brauchen Sie eine praktische Wandoberfläche, da diese großer Abnutzung ausgesetzt ist – besonders wenn Sie Kinder haben. Sie können hier auf zweierlei Weise herangehen: Entweder Sie verwenden eine kostengünstige, einfach gestrichene Oberfläche und akzeptieren, dass sie regelmäßig ausgebessert und alle paar Jahre überstrichen werden muss. Die zweite Alternative wäre eine besonders belastbare Oberfläche. Bei einer traditonellen Einrich-

Flurwände sollten einladend wirken. Sie können hier schon ein Farbschema vorstellen, das Sie im restlichen Haus weiterführen.

Das Tageslicht, das in den oberen Teil dieses Flurs flutet, hellt den ganzen Raum auf. Wählen Sie Ihre Beleuchtung besonders sorgfältig, wenn es in Ihrem Flur nur wenig oder gar kein Tageslicht gibt.

tung können Sie die Flurwände mit einer Paneelleiste auf Hüfthöhe unterteilen, wodurch Sie oben eine hochwertigere Tapete oder Beschichtung wählen könnten und etwas Einfaches für darunter, das man auch ausbessern kann.

Oder Sie verkleiden den unteren Teil der Wand mit Nut- und Federbrettern, die mit Ölfarbe lasiert oder gestrichen sind. Auch moderne Häuser können mit holzverkleideten Wänden toll aussehen.

Die auffällige Farbe dieses Flurs verstärkt die Wirkung der Treppe mit ihrem kunstvoll gearbeiteten Geländer.

Flurfußböden

Flurböden sind perfekt für kräftige und dekorative Designs geeignet, dennoch sollten Sie einen eher praktischen Bodenbelag wählen. Bedenken Sie, dass der Flur und die Haustür nach draußen weisen, wodurch es geradezu unvermeidlich ist, dass Blätter, Sand, Schmutz und Staub von draußen mit hereingetragen werden. Der Fußboden im Flur muss dieser Belastung standhalten können.

Aus diesem Grund zieht man abwasch- oder wischbare Oberflächen, wie Fliesen mit Einlage oder aus Naturstein oder Holzböden, meistens einem Teppichboden vor. Aber etwas Praktisches muss nicht langweilig sein. Schlagen Sie in den Kapiteln über Holz und Fliesen nach, um die große Auswahl an attraktivem Material zu sehen.

Haben Sie Vertrauen zu sich selbst bei der Wahl eines schönen, praktischen Flurbodens. Bei einem guten Fußboden werden Farben und Muster so eingesetzt, dass er zu einem Blickfang wird. Der Flur ist für eher kräftige Beläge am besten geeignet. Er ist nicht nur der erste Teil des Hauses, den Ihre Besucher betreten, sondern auch ein Bereich mit hohem Durchgangsverkehr.

Ein Holzboden kann abgeledert und poliert werden, um die natürliche Maserung und die Farbe des Holzes am besten herauszuarbeiten.

Flurböden müssen haltbar sein, sollten aber auch gut aussehen. Wählen Sie einen Belag, der auch langfristig in gutem Zustand sein wird.

Fliesen mit Einlagen sind eine natürliche und schöne Wahl für ein altes Stadthaus.

Fliesen aus Naturstein

In einem Raum zum Entspannen, Essen oder sogar Schlafen kann ein aufregender Fußboden zu anregend wirken und das Zimmer überladen, aber für den Flur ist er gut geeignet.

Steinfliesen passen gut zum Landhausstil.

Lassen Sie sich vom Stil des Hauses und der Größe des Flurs inspirieren, überlegen Sie aber, wie Sie z. B. Muster mit schön polierten Holzschnitten legen, mit Fliesen mit Einlagen einen Eingangsbereich im Stil alter Stadthäuser rekonstruieren oder mit übergroßen Fliesen ein Landgut nachahmen können. Was für einen Bodenbelag Sie auch wählen, es wird sicher ein großartiger Eingangsbereich.

Fliesen und Glas im Bad

gemusterte Fliese

einfache Keramikfliese

Glasbaustein

Bunte Badezimmergarnituren sind in den letzten Jahren aus der Mode gekommen, und weiße Keramik ist jetzt sehr beliebt. Sie möchten jedoch nicht, dass Ihr Bad kalt und klinisch wirkt, nutzen Sie also die Wände und Fliesen, um dem Raum etwas Farbe, Muster und Attraktivität einzuflößen.

In Bädern stößt Altes auf Neues, mischen Sie also ruhig Glasbausteine mit Mahagoniflächen oder Mosaikmuster mit Designs aus dem 19. Jahrhundert.

Für einen traditionellen Effekt sind weiße Fliesen am besten geeignet, besonders wenn diese wie Ziegel versetzt gelegt und mit bunten Randfliesen abgeschlossen werden. Sie können einen histori-

Fliesen und Glas tragen Farben und Muster zu einem ansonsten zu klinisch wirkenden Badezimmer bei.

schen Stil mit einem nostalgischen Design verstärken. Einige der klassischen Fliesenmuster werden
heutzutage wieder hergestellt.

In moderne Bäder passen auch weiß gefliste
Wände mit bunten Fliesen dazwischen. Entwerfen
Sie lieber Ihre eigenen Ideen für Muster als allzu
verspielte Blumendesigns zu verwen-
den, die den Raum überladen.

Glasbausteine eignen sich gut für
eine Abtrennung – zum Beispiel zwischen Dusche oder WC und dem
restlichen Bad, ohne das Gefühl von
Platz zu verlieren oder den Lichteinfall
einzuschränken.

*Weiße ziegelförmige Fliesen
sind ideal für ein Bad, in dem
Altes und Neues kombiniert
werden.*

*Die kalten blauen Wände
und das weiße Porzellan
geben diesem Bad einen
modernen, frischen Look.*

Vertrauen

Wenn Sie sich zutrauen, Oberflächen, Verkleidungen, Möbel und weitere Details wirkungsvoll zusammenzustellen, haben Sie schon viel gewonnen. Musterbücher, Zeitschriften und Fernsehsendungen leisten hier Hilfestellung, aber letztendlich sollte Ihr Heim Ihre Persönlichkeit widerspiegeln und individuell gestaltet werden.

Register

Nützliche Adressen

Bei den folgenden Institutionen können Sie die Anschriften der Regionalverbände und Informationsmaterial erhalten.

DEUTSCHES HANDWERKS-INSTITUT E.V.

Johanniterstraße 1

53113 Bonn

Telefon: 0228 / 545–264

Telefax: 0228 / 545–205

e-mail: dhi@zdh.de

AKADEMIE DES HANDWERKS HAMBURG

Holstenwall 12

20355 Hamburg

Telefon: 040 / 35905–244

Telefax: 040 / 35905–333

e-mail: ahhinfo@hwk-hamburg.de

HAUS DER HANDWERKS-FÖRDERUNG

Ardeystraße 93–95

44139 Dortmund

Telefon: 0231 / 9110–0

Telefax: 0231 / 9110–103

e-mail: hdh@hwk-do.de

ZENTRALVERBAND DES DEUTSCHEN BAUGEWERBES E.V.

Kronenstraße 55–58

10117 Berlin

ZENTRALVERBAND DES DEUTSCHEN ELEKTRO-HANDWERKS

Lilienthallee 4

60487 Frankfurt/Main

ZENTRALVERBAND PARKETT- UND FUSSBODENTECHNIK

Meckenheimer Allee 71

53115 Bonn

Nützliche Adressen

BUNDESVERBAND DES HOLZ- UND KUNSTSTOFF-VERARBEITENDEN HANDWERKS

BIV des Tischlerhandwerks
Abraham-Lincoln-Straße 32
65189 Wiesbaden

ZENTRALVERBAND DES RAUMAUSSTATTER-HANDWERKS

Burgstraße 81
53117 Bonn

HAUPTVERBAND FARBE, GESTALTUNG, BAUTENSCHUTZ

Vilbeler Landstraße 255
60388 Frankfurt/Main

BUNDESINNUNGS-VERBAND DES GLASERHANDWERKS

An der Glasfachschule 6
65589 Hademar

BUNDESVERBAND KUNST-HANDWERK E.V.

Rheinstr. 23
60325 Frankfurt

Im Internet steht Ihnen auf der Seite **http://www.handwerk.de** eine Produktberatung sowie eine umfassende Datenbank zur Suche nach passenden Handwerksbetrieben in Ihrer Nähe kostenlos zur Verfügung.

Auf der Seite **http://www.architekt.de** befindet sich ebenfalls eine große Datenbank, auch zur Suche nach Innenarchitekten.

Danksagung

*Der Dank der Herausgeber für die groß-
zügige Unterstützung mit Requisiten und
Fotografien geht an:*

Calvey Taylor-Haw für Fotografien;
Paul Allen für das Vorbereiten und
Ausführen der Vorhaben;
**Sussex Wall & Floor
Tiling Ltd.**, Hove;
King's Framers, Lewes;
Bright Ideas, Lewes;
Mark Jamieson.

Bildnachweise:

o = oben, u = unten, r = rechts, l = links
Abode 6ur & 40 ur, 7 & 127, 8o, 10or,
12u, 14o, 16u, 18u, 19o, 25o, 25u, 27o,
27u, 39o, 40ur, 45o, 48u, 49u, 50u, 51o,
51u, 61o, 62u, 67u, 69o, 70u, 91o, 92u,
93o, 106u, 112u, 114u, 117u, 127, 128u,
132u, 133o, 134u, 135, 136u, 137o,
138u, 139o, 140o, 140u, 141o, 141u,
150o, 151o, 152o, 159u, 163or, 164u,
165u, 174u, 175o, 175u, 178u, 180o,
180u, 181u, 183u, 184ul, 184ur, 191o,
193o, 195o, 196o, 197, 199u, 200u, 201t,
201u;
The Amtico Company 103o, 115u,
190u, 191u, 198o;
Ceramics of Distinction 104u, 105u,
105o, 108u, 109u;
Corbis / Michael Boys 71u / Tommy
Chandler-EWA 46o / Rodney Hyett-
EAW 154u;
Dulux 6ul, 15o, 20u, 21u, 24o;
Fired Earth 107o;
Graham & Brown 82u, 83o, 83u;
Harlequin 80u, 86u, 87o, 88u, 89o,
177o, 179o, 185, 186u, 192u;
House & Interiors 14u, 38u, 65o /
Roger Brooks 63o, 113o, 128o, 153o,
161u, 194u, 198u / Simon Butcher
23o, 36u, 176u / Ed Buziak 176u /
Chris M. Evans 165u, 176o, 181o /
Jake Fitzjones 42ol, 152u, 153u, 161o,
163u, 165o / Michael Harris 117t,
187b / Steve Hawkins 49o, 84u, 91u,
150u, 157u, 178o / Nick Higgins 24u,
37ol, 187o / David Markham 183o /
Gwennan Murphy 71o / Steve Sparrow
90u / Verne 17o, 43u, 66u, 68u, 85, 155u,
182, 193u;
Ikea 8u, 131u;
Metal Kitsch 9u, 158, 163ol;
Ocean 160u;
Original Style 102u, 110u, 111o, 115o,
199ol;
Sanderson 89u;
Mark Wilkinson Furniture 174u,
188u;
Zoffany 26u, 81o